Moritz Stumvoll

„Wer folgt auf Merkel?"

Das Ende einer Ära.

Eine Inhaltsanalyse der deutschen Presseberichterstattung über die Kanzlerkandidaten während des Bundestagswahlkampfs 2021

POLITISCHE KOMMUNIKATION

herausgegeben von Prof. Dr. Frank Brettschneider

ISSN 2195-1500

1 *Markus S. Müller*
  Die Stimmen der Anderen – Presseschauen als Wegbereiter einer europäischen Öffentlichkeit?
  Brücken in ausländische Medienarenen als Mittel zur Reduzierung des europäischen Demokratiedefizits
  ISBN 978-3-8382-0420-8

2 *Justina Bülow*
  Pflege(notstand) in Deutschland
  Eine Inhaltsanalyse von Medien-Frames
  ISBN 978-3-8382-1710-9

3 *Sophie Katharina Schindler*
  Social Media und Journalismus
  Eine qualitative Befragung von Journalistinnen und Journalisten zur Bedeutung von Social Media für Recherche und Berichterstattung
  ISBN 978-3-8382-1816-8

4 *Sophie Heugenhauser*
  Die Rolle der Kanzlerfähigkeit der Politiker Markus Söder und Armin Laschet in der deutschen Presseberichterstattung über die COVID-19-Pandemie
  ISBN 978-3-8382-1658-4

5 *Moritz Stumvoll*
  „Wer folgt auf Merkel?"
  Das Ende einer Ära. Eine Inhaltsanalyse der deutschen Presseberichterstattung über die Kanzlerkandidaten während des Bundestagswahlkampfs 2021
  ISBN 978-3-8382-1858-8

Moritz Stumvoll

„WER FOLGT AUF MERKEL?"

Das Ende einer Ära.

Eine Inhaltsanalyse der deutschen Presseberichterstattung über die Kanzlerkandidaten während des Bundestagswahlkampfs 2021

Bibliografische Information der Deutschen Nationalbibliothek
Die Deutsche Nationalbibliothek verzeichnet diese Publikation in der Deutschen Nationalbibliografie; detaillierte bibliografische Daten sind im Internet über http://dnb.d-nb.de abrufbar.

Bibliographic information published by the Deutsche Nationalbibliothek
Die Deutsche Nationalbibliothek lists this publication in the Deutsche Nationalbibliografie; detailed bibliographic data are available in the Internet at http://dnb.d-nb.de.

Covergrafik: © Tony Hegewald / PIXELIO

ISBN-13: 978-3-8382-1858-8
© *ibidem*-Verlag, Stuttgart 2023
Alle Rechte vorbehalten

Das Werk einschließlich aller seiner Teile ist urheberrechtlich geschützt. Jede Verwertung außerhalb der engen Grenzen des Urheberrechtsgesetzes ist ohne Zustimmung des Verlages unzulässig und strafbar. Dies gilt insbesondere für Vervielfältigungen, Übersetzungen, Mikroverfilmungen und elektronische Speicherformen sowie die Einspeicherung und Verarbeitung in elektronischen Systemen.

All rights reserved. No part of this publication may be reproduced, stored in or introduced into a retrieval system, or transmitted, in any form, or by any means (electronic, mechanical, photocopying, recording or otherwise) without the prior written permission of the publisher. Any person who does any unauthorized act in relation to this publication may be liable to criminal prosecution and civil claims for damages.

Printed in the EU

Inhaltsverzeichnis

Tabellenverzeichnis VIII
Abbildungsverzeichnis IX
1 „Wer folgt auf Merkel?" –
 Der Bundestagswahlkampf 2021 1
   1.1 Forschungsvorhaben und Relevanz 5
   1.2 Leitfrage, untergeordnete Forschungsfragen und
 Einordnung der Studie 7
   1.3 Aufbau der Arbeit 9
2 Massenmedien, Berichterstattung und Wahlkampf 11
   2.1 Massenmedien und Funktionen politischer
 Berichterstattung 11
      2.1.1 Massenmedien: Begriffsverständnis 11
      2.1.2 Funktionen politischer Medienberichterstattung ... 14
   2.2 Tageszeitungen in Deutschland 16
   2.3 Rolle, Funktionen und Einflüsse der Massenmedien im
 Wahlkampf 18
      2.3.1 Massenmedien im Wahlkampf-Dreieck 19
      2.3.2 Funktionen der Massenmedien im Wahlkampf 21
      2.3.3 Agenda-Setting, Priming und Einflüsse auf die
 Kandidatenwahrnehmung 22
   2.4 Darstellung von Kandidaten in der
 Medienberichterstattung 25
      2.4.1 Formale Eigenschaften der Berichterstattung und
 Präsenz der Kandidaten 27
      2.4.2 Themen in der Berichterstattung 29
      2.4.3 Bewertungen, Bewertungsdimensionen und
 Akteure 30

3	Theorien der Nachrichtenauswahl: Der News-Bias-Ansatz	39
	3.1 Verleihen publizistischer Prominenz und Bewertung von Kandidaten	41
	3.2 Einsatz ‚opportuner Zeugen'	43
	3.3 Instrumentelle Aktualisierung	44
4	Der Forschungsgegenstand im Modell	47
5	Methodisches Vorgehen: Die quantitative Inhaltsanalyse	49
	5.1 Untersuchungszeitraum und Auswahl des Untersuchungsmaterials	50
	5.2 Auswahlverfahren und Aufgreifkriterium	51
	5.3 Das Untersuchungsinstrument: Aufbau des Codebuchs	53
	5.4 Formale Kategorien	56
	5.5 Inhaltliche Kategorien	57
	5.6 Pretest & inhaltsanalytische Gütekriterien	61
6	Ergebnisse der Inhaltsanalyse	69
	6.1 Formale Eigenschaften der Presseberichterstattung und Präsenz der Kandidaten	69
	6.2 Themen in der Presseberichterstattung	77
	6.3 Bewertungen der Kandidaten und Akteure in der Presseberichterstattung	87
	6.4 Instrumentelle Aktualisierung von Themen in der Presseberichterstattung	97
	6.5 Einsatz opportuner Zeugen in der Presseberichterstattung	105
7	Fazit	115
	7.1 Zusammenfassung & Diskussion der wichtigsten Ergebnisse	115

7.2 Kritische Würdigung: Stärken & Limitationen
der Arbeit 120
7.3 Ausblick 122

Literaturverzeichnis .... **XI**
Anhang: Codebuch .... **XIX**

Tabellenverzeichnis

Tabelle 1: Bewertungsdimensionen für Spitzenkandidaten 33

Tabelle 2: Anzahl der Artikel und Aussagen pro Medium 53

Tabelle 3: Kategorien des Codebuchs 55

Tabelle 4: Reliabilitätstest auf Artikelebene 65

Tabelle 5: Reliabilitätstest auf Aussagenebene 66

Tabelle 6: Mittlere Tendenzen der wertenden Aussagen über die Kandidaten nach Bewertungsdimension 94

Tabelle 7: Redaktionelle Linien der Tageszeitungen 96

Abbildungsverzeichnis

Abbildung 1: Wahlkampf-Dreieck 19
Abbildung 2: Forschungsgegenstand im Modell 48
Abbildung 3: Berichterstattungsumfang im Zeitverlauf des Bundestagswahlkampfs 2021 71
Abbildung 4: Ressorts der Presseberichterstattung über die Kanzlerkandidaten 73
Abbildung 5: Journalistische Darstellungsformen der Presseberichterstattung über die Kanzlerkandidaten 74
Abbildung 6: Präsenz der Kandidaten in der wertenden Presseberichterstattung von SZ, Welt und Bild 75
Abbildung 7: Themen in der Presseberichterstattung über die Kanzlerkandidaten 80
Abbildung 8: Themen der wertenden Aussagen über Armin Laschet (Top 15) 84
Abbildung 9: Themen der wertenden Aussagen über Olaf Scholz (Top 15) 85
Abbildung 10: Themen der wertenden Aussagen über Annalena Baerbock (Top 15) 86
Abbildung 11: Bewertungen: Mittlerer Gesamttenor der Artikel im Zeitverlauf 88
Abbildung 12: Bewertungen: Mittlere Tendenz der Aussagen im Zeitverlauf 90
Abbildung 13: Bewertungsdimensionen aller wertenden Aussagen über die Kandidaten 92

Abbildung 14: Urheber der wertenden Aussagen in der Berichterstattung über die Kandidaten 97
Abbildung 15: Thematischer Kontext der wertenden Aussagen über Laschet im Vergleich der drei Medien....................................... 99
Abbildung 16: Thematischer Kontext der wertenden Aussagen über Scholz im Vergleich der drei Medien 101
Abbildung 17: Thematischer Kontext der wertenden Aussagen über Baerbock im Vergleich der drei Medien................................. 104
Abbildung 18: Mittlere Bewertung der Kandidaten durch Journalisten und zitierte Quellen in den drei Medien................... 107
Abbildung 19: Urheber der wertenden Aussagen über Laschet im Vergleich der drei Medien.. 109
Abbildung 20: Urheber der wertenden Aussagen über Scholz im Vergleich der drei Medien.. 111
Abbildung 21: Urheber der wertenden Aussagen über Baerbock im Vergleich der drei Medien.. 114

1 „Wer folgt auf Merkel?" – Der Bundestagswahlkampf 2021

Der Bundestagswahlkampf 2021 stand in mehrfacher Hinsicht unter ganz besonderen Vorzeichen. „Wer folgt auf Merkel?" – das war die zentrale Frage, die sich ihren potenziellen Nachfolgern[1], den Wählern sowie den Medien im Rahmen der Wahl zum zwanzigsten Deutschen Bundestag stellte. Nach sechzehn Jahren Kanzlerschaft verzichtete die amtierende Bundeskanzlerin Angela Merkel auf eine erneute Kanzlerkandidatur – eine erste Besonderheit des Wahlkampfs 2021. Zum ersten Mal in der Geschichte der Bundesrepublik Deutschland trat bei einer Bundestagswahl kein Amtsinhaber als Kanzlerkandidat an, abgesehen von der Wahl zum ersten Deutschen Bundestag 1949 nach dem Zweiten Weltkrieg (Korte, 2021).

Die Entscheidung Angela Merkels bedeutete, dass es nach der Bundestagswahl am 26. September 2021 in jedem Fall einen neuen Regierungschef geben würde. Wer würde also ihre Nachfolge antreten? Für die Bundestagswahl nominierten die drei aussichtsreichsten Parteien jeweils einen Kanzlerkandidaten: Armin Laschet (CDU/CSU), Olaf Scholz (SPD) und Annalena Baerbock (Grüne) kandidierten als Spitzenkandidaten ihrer Parteien für das Kanzleramt und standen im Mittelpunkt des Bundestagswahlkampfs 2021. Hinsichtlich der Nominierung der Kandidaten ergab sich ein weiteres Novum: Zum ersten Mal in ihrer Parteigeschichte haben die Grünen mit Annalena Baerbock eine Kanzlerkandidatin benannt (Korte, 2021). Somit hatten erstmals zwei Spitzenkandidaten und eine Spitzenkandidatin die Chance, die Regierungsführung zu übernehmen (Hausen, 2021).

---

[1] Aufgrund der besseren Lesbarkeit wird in der vorliegenden Arbeit ausschließlich die grammatikalisch-maskuline Form verwendet. Sie bezieht sich auf Angehörige beider Geschlechter.

Nominierung mit Hindernissen und vielfältige Koalitionsoptionen

Während die SPD-Führungsspitze Olaf Scholz bereits im August 2020 als ihren Kanzlerkandidaten nominierte, gaben Union und Grüne ihre Kandidaten verhältnismäßig spät bekannt (Korte, 2021). Armin Laschet und Annalena Baerbock wurden von ihren Parteien zeitgleich am 19. April 2021 als Kanzlerkandidaten nominiert. Die damalige Parteivorsitzende der Grünen wurde nach einer parteiinternen Einigung und dem Verzicht des Co-Vorsitzenden Robert Habeck auf die Kandidatur als Kanzlerkandidatin bekanntgegeben (Steffen, 2021).

Der Entscheidung für Laschet war ein unionsinterner Machtkampf zwischen dem damaligen CDU-Vorsitzenden und seinem Rivalen Markus Söder (CSU) vorausgegangen. Beide Politiker erhoben Anspruch auf die Kanzlerkandidatur, lange konnten sich die beiden Schwesterparteien nicht einigen. Sowohl Laschet als auch Söder erhielten Zuspruch aus beiden Lagern der Union. Nach einem deutlichen CDU-Vorstandsvotum am 19. April 2021 zugunsten Armin Laschets, erkannte Markus Söder das Ergebnis der Abstimmung an und verzichtete auf die Kanzlerkandidatur (Reuter & Ripperger, 2021). Die Folgen des intensiven Machtpokers begleiteten die Union und ihren Kanzlerkandidaten im gesamten Bundestagswahlkampf (Korte, 2021).

Die neuartige Konstellation der zwei Spitzenkandidaten und der Spitzenkandidatin sowie die wechselhafte politische Stimmung während des Wahlkampfs sorgten dafür, dass viele verschiedene Koalitionsoptionen in Betracht kamen (Brettschneider, 2021). Eine Wahlumfrage verdeutlichte knapp einen Monat vor der Wahl, wie eng es im Rennen um das Kanzleramt zuging: In der Sonntagsfrage zur Bundestagswahl von Infratest dimap (2021) lagen Union (23%), SPD (21%) und Grüne (17%) Ende August 2021 sehr nah beieinander. Noch nie gab es vor einer Bundestagswahl – mit Blick auf die Stimmungslage in Umfragen während des Wahlkampfs – so vielfältige Möglichkeiten der Regierungsbildung (Greive & Hildebrand, 2021).

Bundestagswahlkampf unter Corona-Bedingungen

Besonders war die Bundestagswahl 2021 auch deshalb, weil der gesamte Wahlkampf im Zeichen der Corona-Pandemie stand. Das weltweit grassierende Coronavirus wirkte sich auf die Themen des Wahlkampfs aus und veränderte außerdem die Formate und Instrumente der Wahlkampfkommunikation (Brettschneider, Güllner & Matuschek, 2021). Die Corona-Pandemie beschäftigte nicht nur Medien und Politiker, sondern spielte auch im Alltag der Wähler sowie im Hinblick auf die Wahl eine wichtige Rolle. Im September 2021, wenige Wochen vor der Bundestagswahl, bezeichneten 23 Prozent der Wahlberechtigten die Corona-Pandemie als sehr wichtiges Thema für die eigene Wahlentscheidung – direkt hinter den Themen soziale Gerechtigkeit (51 %) auf Platz eins und Klimaschutz (39 %) auf Platz zwei (Forschungsgruppe Wahlen, 2021).

Als eines der dominierenden Themen in der Gesellschaft, der Medienberichterstattung und der Politik beeinflusste die Corona-Pandemie indirekt viele politische und gesellschaftliche Themenbereiche (Korte, 2021). Die Coronapolitik sowie der Umgang der Kanzlerkandidaten und ihrer Parteien mit der Krise waren von wesentlicher Bedeutung für die Wählerschaft, die von beschlossenen Maßnahmen unmittelbar betroffen war. Dass die Pandemie auch für den zukünftigen Kanzler eine Herausforderung sein würde, zeigte eine gemeinsame Studie von Forsa und der Universität Hohenheim: Die größte Gruppe der Wahlberechtigten (37 %) traute vor der Bundestagswahl keiner Partei zu, die Probleme der Corona-Krise zu lösen (Brettschneider, Güllner & Matuschek, 2021).

Zu den wesentlichen Maßnahmen hinsichtlich der Eindämmung des Coronavirus zählten die Kontaktbeschränkungen. Abstandseinhaltung, Distanz und Maskenpflicht prägten das persönliche Miteinander in der Bevölkerung und veränderten auch die Formate der Wahlkampfkommunikation (Korte, 2021). Auswirkungen hatte die Corona-Pandemie demnach auch auf die „generelle Sichtbarkeit der Kandidatinnen und Kandidaten" (Korte, 2021, S. 18). Wahlkampfinstrumente wie öffentliche Wahlkampfveranstaltungen, Wahlkampfstände auf Straßen oder Hausbesuche, welche allesamt durch direkte Ansprache bzw. interpersonale

Kommunikation gekennzeichnet sind, konnten aufgrund der Pandemie nur eingeschränkt eingesetzt werden. Darüber hinaus wurden Wahlkampfkanäle der direkten Ansprache auch von den Wählern nur sehr selten wahrgenommen: Lediglich 15 Prozent der Wahlberechtigten gaben an, Wahlkampfstände der Parteien zu besuchen und nur neun Prozent informierten sich bei Wahlveranstaltungen oder Kundgebungen (Brettschneider, Güllner & Matuschek, 2021). Zudem wurden einige Wahlkampfinstrumente durch digitale Formate ersetzt oder durch diese ergänzt (Korte, 2021). Mit sinkenden Fallzahlen und niedrigeren Inzidenzwerten im Sommer 2021 konnten im Endspurt des Wahlkampfs, unter besonderen Corona-Bedingungen, wieder vermehrt öffentliche Wahlkampfformate stattfinden (ebd.).

Superwahljahr mit erfolgreichem Ende für die SPD und Olaf Scholz

Neben der Bundestagswahl im Herbst fanden 2021 fünf Landtagswahlen statt. Eingeläutet wurde das Superwahljahr im März mit den Landtagswahlen in Baden-Württemberg und Rheinland-Pfalz, bevor die Landtagswahl im Juni in Sachsen-Anhalt als letzter großer Stimmungsbarometer vor der Bundestagswahl fungierte. Zeitgleich mit der Bundestagswahl wurden am 26. September die Landtage von Mecklenburg-Vorpommern und Berlin gewählt (Korte, 2021).

Mit 25,7 Prozent aller Stimmen hat die SPD mit ihrem Kanzlerkandidaten Olaf Scholz die Bundestagswahl gewonnen und landete damit knapp vor Armin Laschet und der Union, die 24,1 Prozent der Stimmen erhielt und ihr historisch schlechtestes Ergebnis bei einer Bundestagswahl erzielte (Klasen, 2021). Die Grünen und Annalena Baerbock wurden drittstärkste Kraft, sie erzielten mit 14,8 Prozent der Stimmen das beste Bundestagswahlergebnis ihrer Parteigeschichte (Süddeutsche.de, 2021). Die FDP erhielt 11,5 Prozent der Stimmen, die AfD 10,3 Prozent. Die Linke (4,9 %) scheiterte zwar an der Fünf-Prozent-Hürde, zog aufgrund der Grundmandatsklausel dennoch in den Bundestag ein (tagesschau.de, 2021). In den anschließenden Sondierungsgesprächen für eine

Regierungsbildung einigten sich die Parteien auf eine sogenannte Ampelkoalition, bestehend aus SPD, Grünen und FDP. Am 8. Dezember 2021 wurde Olaf Scholz mit 395 Stimmen der Bundestagsabgeordneten zum neunten Kanzler der Bundesrepublik Deutschland gewählt (zdf.de, 2021). Die erste Bundestagswahl ohne Titelverteidiger, die erste grüne Kanzlerkandidatin und ein Wahlkampf unter Corona-Bedingungen – allein das sind drei wesentliche Besonderheiten, die den Bundestagswahlkampf 2021 prägten. Zu einem speziellen Ereignis wurde der Wahlkampf somit auch für die Medien und ihre Berichterstattung über die Kanzlerkandidaten.

1.1 Forschungsvorhaben und Relevanz

Das Forschungsinteresse dieser Arbeit gilt der deutschen Presseberichterstattung über die Kanzlerkandidaten Armin Laschet (Union), Olaf Scholz (SPD) und Annalena Baerbock (Grüne) während des Bundestagswahlkampfs 2021. Massenmedien und ihre Berichterstattung spielen eine wichtige Rolle im Wahlkampf, denn Wähler nehmen das Handeln von Politikern, Parteien und ihren Kanzlerkandidaten u. a. über die Medienberichterstattung wahr (Brettschneider, Güllner & Matuschek, 2021). Informationen über das politische Geschehen und Kandidaten sowie Eindrücke, die für Wähler im Hinblick auf die Wahlentscheidung relevant sind, „erreichen den Großteil der Wählerinnen und Wähler durch die Berichterstattung der Zeitungen und Zeitschriften, über die zahlreichen Sondersendungen im Fernsehen und vor allem über die Fernsehnachrichten" (Brettschneider, 2005, S. 20). Wie Massenmedien während des Wahlkampfs über Kandidaten berichten, nimmt Einfluss auf deren Popularität sowie das Image der Kandidaten „und daher auch auf ihre Chance, gewählt zu werden" (Koch & Holtz-Bacha, 2008, S. 49).

Auch für die Medien und ihre Berichterstattung über den Wahlkampf war die Bundestagswahl 2021 in vielerlei Hinsicht besonders, denn sie markiert eine Zäsur: Erstmals fand eine Wahl ohne ‚Titelverteidiger' statt – Bundeskanzlerin Angela Merkel trat nach sechzehn Jahren Amtszeit nicht mehr an. Aus der Forschung zur Wahlkampfberichterstattung ist bekannt, dass amtierende

Kanzler, die erneut kandidieren, öfter Teil der Berichterstattung als gegnerische Parteien und deren Kanzlerkandidaten sind (Wagner, 2007, S. 152). Dieser mediale ‚Amtsbonus' entfiel bei der Bundestagswahl 2021. Laschet, Scholz und Baerbock starteten diesbezüglich sozusagen unter ‚gleichen Voraussetzungen' in den Wahlkampf.

Die Corona-Pandemie veränderte die Wahlkampfformate, reduzierte die persönlichen Kontakte zwischen Wählern und Politikern und nahm Einfluss auf die Sichtbarkeit der Kandidaten (Korte, 2021, S. 18). Umso mehr waren Wähler auf die durch Massenmedien vermittelten Informationen angewiesen – womöglich nahm die Medienberichterstattung deshalb eine noch wichtigere Rolle als bei bisherigen Wahlkämpfen ein. Es lässt sich vermuten, dass die Corona-Thematik an sich auch innerhalb der Medienberichterstattung von zentraler Bedeutung war.

Über die Inhalte der Medienberichterstattung entscheiden Journalisten, die über das politische Geschehen berichten. In der Regel geben Journalisten das Verhalten und die Botschaften von Parteien sowie Kandidaten nicht ungefiltert wieder, „sondern sie wählen aus (Selektion) und sie interpretieren und kommentieren das Geschehen" (Brettschneider, 2021, S. 142). So legen Journalisten u. a. anhand verschiedener Nachrichtenauswahlkriterien fest, welche Themen und Inhalte für das Publikum relevant erscheinen (Brettschneider, 2005; Brettschneider, Güllner & Matuschek, 2021). Politische oder persönliche Einstellungen und Sichtweisen der Journalisten bzw. Redaktionen können dazu führen, dass unausgewogen, einseitig oder tendenziös – z. B. über einen Kanzlerkandidaten – berichtet wird (Bachl & Vögele, 2013, S. 346).

Aus kommunikationswissenschaftlicher Sicht ist die Medienberichterstattung über die Kandidaten deshalb speziell während des Wahlkampfs von besonderem Interesse, denn Journalisten tragen mit ihrer Berichterstattung wesentlich dazu bei, welches Bild die Öffentlichkeit bzw. die Wähler von den Kandidaten erhalten. Ziel der vorliegenden Arbeit ist es, die deutsche Presseberichterstattung über die Kanzlerkandidaten Armin Laschet (Union), Olaf Scholz (SPD) und Annalena Baerbock (Grüne) während des Bundestagswahlkampfs 2021 inhaltsanalytisch zu betrachten. Hierzu werden Beiträge der drei deutschen Print- und Leitmedien *Süddeutsche Zeitung*, *Die Welt* und *Bild* mittels einer quantitativen Inhaltsanalyse untersucht.

1.2 Leitfrage, untergeordnete Forschungsfragen und Einordnung der Studie

Vor dem Hintergrund des im vorherigen Kapitel beschriebenen Ziels der Forschungsarbeit und auf Basis der gesellschaftlichen und politischen Relevanz des Themas, fokussiert sich die vorliegende Studie auf folgende übergeordnete Leitfrage: *Wie berichten die deutschen Tageszeitungen Süddeutsche Zeitung (SZ), Die Welt und Bild über die Kanzlerkandidaten Armin Laschet, Olaf Scholz und Annalena Baerbock während des Bundestagswahlkampfs 2021?* Zur Untersuchung der Berichterstattung und Beantwortung der Leitfrage dienen die folgenden fünf untergeordneten Forschungsfragen:

FF1: Welche formalen Eigenschaften kennzeichnen die Presseberichterstattung über die Kanzlerkandidaten während des Wahlkampfs und wie präsent sind die Kandidaten in den Medien?

FF2: Über welche Themen wird im Zusammenhang mit der Presseberichterstattung über die Kanzlerkandidaten während des Wahlkampfs berichtet?

FF3: Wie und von welchen Akteuren werden die Kanzlerkandidaten in der Presseberichterstattung während des Wahlkampfs bewertet?

FF4: Sind in der Presseberichterstattung über Armin Laschet, Olaf Scholz und Annalena Baerbock Hinweise auf die instrumentelle Aktualisierung bestimmter Themen zu identifizieren?

FF5: Lassen die analysierten Tageszeitungen verstärkt solche Akteure zu Wort kommen, die ihre Beurteilung der Kanzlerkandidaten unterstützen (opportune Zeugen)?

Mit der ersten Forschungsfrage wird betrachtet, durch welche formalen Eigenschaften die Presseberichterstattung gekennzeichnet ist und wie groß die Präsenz der Kandidaten in den Medien ist. Die zweite Forschungsfrage fokussiert sich auf die thematischen Inhalte der Berichterstattung: Welche Themen spielen eine Rolle? Mit welchen Themen werden die Kanzlerkandidaten in der Berichterstattung in Verbindung gebracht? Die dritte Forschungsfrage widmet sich den Bewertungen der Kanzlerkandidaten und den Akteuren in der Berichterstattung: Wie werden Laschet, Scholz und Baerbock bewertet, welche Kandidateneigenschaften spielen eine Rolle und welche Unterschiede lassen sich bezüglich der Bewertungen zwischen den Tageszeitungen feststellen? Welche Akteure äußern sich in der Berichterstattung? Während die ersten drei Forschungsfragen in erster Linie einer umfangreichen deskriptiven Analyse der Berichterstattung dienen, fungieren die letzten beiden Forschungsfragen als erklärende Elemente der Untersuchung. Erkenntnissen aus der News-Bias-Forschung folgend, soll die Berichterstattung mittels dieser beiden Fragen auf die Phänomene der instrumentellen Aktualisierung (Kepplinger, 1989) und der opportunen Zeugen (Hagen, 1992) hin untersucht werden.

Einordnung der Studie

Im Folgenden wird die vorliegende Forschungsarbeit in die Systematik der empirischen Kommunikationsforschung eingeordnet. Hierfür bietet sich die Lasswell-Formel (1948) an, welche die fünf zentralen Forschungsfelder der Kommunikationswissenschaft darstellt: „Who says what in which channel to whom with what effect?" (Beck, 2013, S. 182). Dabei sind die Logik und die einzelnen Bestandteile der Formel folgendermaßen zu verstehen: Das „Who" bezieht sich auf die Kommunikatorforschung, „says what" konzentriert sich auf die Inhalts- und Aussagenanalyse (ebd.). „In wich channel" fokussiert sich auf die Medienforschung, „to whom" bezieht sich auf die Mediennutzungsforschung. „With what effect" stellt die Medienwirkungsforschung dar (ebd.). Das Forschungsvorhaben der vorliegenden Studie ist in den ersten beiden Teilbereichen der Lasswell-Formel zu verorten. Gegenstand der

Untersuchung ist die Presseberichterstattung über die Kanzlerkandidaten – im Fokus stehen demnach zum einen die Medieninhalte und die wertenden Aussagen über die Kandidaten in der Berichterstattung („Says what?"). Zum anderen wird untersucht, welche Akteure in der Printberichterstattung auftreten und wie sich Journalisten bzw. weitere Urheber über die Kanzlerkandidaten äußern („Who?"). Medien- und Mediennutzungsforschung sind nicht Bestandteil dieser Arbeit. Die Medienwirkungen der Presseberichterstattung (z. B. auf das Wählerverhalten) werden ebenfalls nicht untersucht, jedoch sind sie im Hinblick auf die Relevanzbegründung und den theoretischen Rahmen der Untersuchung von Bedeutung. Medienwirkungen werden aus diesem Grund innerhalb der vorliegenden Arbeit an verschiedenen Stellen thematisiert (siehe bspw. Kapitel 1.1 und Kapitel 2.3.1).

1.3 Aufbau der Arbeit

Die vorliegende Forschungsarbeit ist in mehrere Kapitel unterteilt. In diesem Abschnitt wurde zunächst in das Untersuchungsthema eingeführt und das Forschungsinteresse dargestellt. Nachdem anschließend die Forschungsfragen erläutert und die Studie systematisch eingeordnet wurden, steht in Kapitel 2 die Bedeutung von Massenmedien und der Wahlkampfberichterstattung im Fokus. Hierbei wird zunächst auf Massenmedien und wichtige Funktionen der politischen Berichterstattung eingegangen. Im Anschluss daran werden die Tagespresse in Deutschland sowie Qualitäts- und Boulevardzeitungen thematisiert. Weiterhin werden die spezielle Rolle und die Funktionen der Massenmedien in Wahlkämpfen erläutert. In weiteren Abschnitten werden außerdem bedeutsame Wirkungen der Wahlkampfberichterstattung beleuchtet. Darüber hinaus sollen bisherige Forschungserkenntnisse zur Darstellung von Kandidaten in der Medienberichterstattung dargestellt und zentrale Konstrukte empirischer Analysen betrachtet werden. Den Abschluss der theoretischen Grundlagen bildet Kapitel 3, in dem der Ansatz der News-Bias-Forschung aufgegriffen wird. Hierbei wird der theoretische Ansatz zur Erklärung journalistischer Nachrichtenauswahl zunächst vorgestellt, anschließend werden die einzelnen Konstruktionsmechanismen von News Bias und der Forschungsstand betrachtet. In Kapitel 4 wird der Forschungsgegenstand grafisch in einem Modell zusammengefasst. Im fünften Kapitel wird auf die methodische Vorgehensweise der vorliegenden Arbeit eingegangen. Dazu wird die durchgeführte quantitative Inhaltsanalyse detailliert beschrieben. In Kapitel 6 stehen die Ergebnisse der Inhaltsanalyse im Mittelpunkt, die entlang der Forschungsfragen vorgestellt werden. Zum Abschluss erfolgt in Kapitel 7 eine Zusammenfassung und Diskussion der wichtigsten Ergebnisse. Basierend auf den Ergebnissen wird die übergeordnete Leitfrage beantwortet. Außerdem sollen Limitationen und Stärken der Studie diskutiert sowie ein Ausblick auf weitere mögliche Forschungsvorhaben gegeben werden.

2 Massenmedien, Berichterstattung und Wahlkampf

Der grundlegende Untersuchungsgegenstand der vorliegenden Forschungsarbeit ist die Medienberichterstattung über die Kanzlerkandidaten während des Bundestagswahlkampfs 2021. Im folgenden Kapitel wird daher zunächst auf Massenmedien sowie die Funktionen politischer Berichterstattung eingegangen. Da speziell die Printberichterstattung im Fokus der vorliegenden inhaltsanalytischen Untersuchung steht, erfolgt anschließend eine Betrachtung der deutschen Tagespresselandschaft. Die Bedeutung und die Funktionen von Massenmedien im Wahlkampf – in Anbetracht der vorliegenden Arbeit von besonderer Relevanz – werden in einem weiteren Kapitel herausgearbeitet. Damit zusammenhängend wird im Anschluss auf die Darstellung von Kanzlerkandidaten in der Medienberichterstattung eingegangen.

2.1 Massenmedien und Funktionen politischer Berichterstattung

In modernen pluralistischen Demokratien werden Massenmedien, neben den staatlichen Gewalten Legislative, Exekutive und Judikative, häufig als ‚vierte Gewalt' bezeichnet (Mast, 2012, S. 26). Diese Bezeichnung, oft als Synonym verwendet, lässt bereits erahnen, welche wichtige Leistungen Massenmedien mit ihrer politischen Berichterstattung für die Gesellschaft erbringen. Bevor auf die Funktionen des Politikjournalismus eingegangen wird, soll zunächst der Begriff der Massenmedien eingeordnet und definiert werden.

2.1.1 Massenmedien: Begriffsverständnis

Der Journalismus im traditionellen Sinn spielt sich in klassischen Massenmedien ab (Mast, 2012, S. 70). In der Kommunikationswissenschaft wird der Journalismus als Kommunikationsprozess zwischen Journalisten (den Kommunikatoren) und ihren Rezipienten (dem Publikum) verstanden (ebd., S. 68). Dabei verbreiten Journalisten ihre Inhalte und Botschaften über Medien an ihr Publikum. Dieser Vorgang wird als Massenkommunikation bezeichnet und läuft über Massenmedien ab (ebd., S. 69). Damit Massenkommunikation möglich wird und die journalistische Berichterstattung Rezipienten erreicht, sind also Massenmedien notwendig (Burkart, 2021, S. 110). Als spezifische Form sozialer Kommunikation beschreibt Maletzke (1963, S. 32) Massenkommunikation im klassischen Sinn anhand folgender Merkmale: Massenkommunikation erfolgt öffentlich und ist an ein disperses (räumlich bzw. zeitlich verstreutes) Publikum gerichtet. Dabei werden die Inhalte durch technische Verbreitungsmittel (Medien) vermittelt. Massenkommunikation spielt sich außerdem indirekt – bei zeitlicher und räumlicher Distanz zwischen Kommunikator und Rezipient – und einseitig (ohne Rollentausch zwischen Kommunikator und Rezipient) ab (ebd., S. 32).

Vor dem Hintergrund dieser Definition des Begriffs Massenkommunikation könnte nun angenommen werden, dass allein die technische Eigenschaft eines Mediums, Informationen zu vermitteln, genügt, um ein Medium als Massenmedium zu klassifizieren. Diese Annahme greift aber zu kurz (Burkart, 2021, S. 111). Ebenso ist es nicht ausreichend, lediglich die Gegebenheit einer massenhaften Verbreitung eines Mediums für die Bezeichnung eines Mediums als Massenmedium heranzuziehen (Beck, 2013, S. 197). Ein Smartphone beispielsweise besitzt die technische Funktion, Informationen zu vermitteln und ist zudem massenhaft verbreitet – es dient als Medium aber nicht dem Prozess der Massenkommunikation.

Für das Verständnis des Begriffs der Massenmedien im kommunikationswissenschaftlichen Sinn sind also andere Faktoren relevant. Damit von einem Massenmedium gesprochen werden kann, ist zunächst seine Funktion im Prozess der Massenkommunikation ausschlaggebend (Beck, 2013, S. 197). Um Medien als Massenmedien einzuordnen, müssen sie der öffentlichen Verbreitung von Botschaften dienen (Burkart, 2021, S. 111). Beck (2013) bezeichnet Massenmedien als „Medien der öffentlichen Kommunikation" (S. 202). Massenmedien werden also nicht für die Verbreitung von

Inhalten eingesetzt, die privat an einen genau definierbaren Anzahl von Rezipienten vermittelt wird. Vielmehr erfolgt die Vermittlung von Informationen öffentlich an einen unbegrenzten Kreis von Empfängern (Maletzke, 1963).

Um den Begriff der Massenmedien weiter zu konkretisieren und abzugrenzen, dient die Unterscheidung zwischen ‚Medien erster Ordnung' und ‚Medien zweiter Ordnung' (Kubicek, Schmid & Wagner, 1997). Unter Medien erster Ordnung verstehen die Autoren Medien, die zunächst lediglich die technischen Möglichkeiten und Rahmenbedingungen zur Vermittlung und Speicherung von Informationen besitzen, jedoch über keinen organisatorischen Hintergrund verfügen, der über zu vermittelnde Inhalte entscheidet (ebd., S. 32). Zu Medien zweiter Ordnung werden solche Medien erst, „wenn institutionalisierte Kommunikatoren am Werk sind, die diese technischen Mittel zur Herstellung und Verbreitung von Inhalten benützen, wenn also diese Vermittlungstechniken zur Selektion, Strukturierung und Präsentation von Aussagen im Hinblick auf ein Publikum eingesetzt werden" (Burkart, 2021, S. 44; vgl. Kubicek, Schmid & Wagner, 1997). Massenmedien, im Sinn des Prozesses der Massenkommunikation, zeichnen sich also auch dadurch aus, dass ihnen ein institutionalisierter organisatorischer Rahmen zugrunde liegt. Die Institutionalisierung von Massenmedien wie Zeitungen, Hörfunk oder Fernsehen erfolgt beispielsweise bei der Produktion, bei den vermittelten Inhalten, der Nutzung und der Publizität (Schweiger, 2015; Neverla, 1998).

Es kann also festgehalten werden, dass sich Massenmedien an ein öffentliches, unbegrenztes und unbestimmtes Publikum richten. Massenmedien sind institutionelle Medien, die durch institutionalisierte Prozesse gekennzeichnet sind. Im Prozess der Massenkommunikation erreichen Journalisten das Publikum mit ihrer Berichterstattung über die Massenmedien. Wenn in der vorliegenden Arbeit von Massenmedien, Medien oder Medienberichterstattung die Rede ist, liegt dem das soeben herausgearbeitete Verständnis von Massenmedien zugrunde.

2.1.2 Funktionen politischer Medienberichterstattung

Die Funktionen, die Massenmedien in einer Gesellschaft erbringen, hängen wesentlich davon ab, welche rechtlichen, politischen und gesellschaftlichen Strukturen in einem Staat herrschen (Mast, 2012, S. 26). Grundlegender Betrachtungsgegenstand der vorliegenden Arbeit ist die deutsche Medienberichterstattung über die Kanzlerkandidaten. Deshalb werden im Folgenden die Funktionen politischer Berichterstattung der Massenmedien in demokratischen Systemen betrachtet. Die meisten dieser Funktionen sind nicht gesetzlich vorgeschrieben, sondern vielmehr normativ zugewiesen oder gesellschaftlich beobachtbar (Pürer, 2014, S. 422).

Damit Massenmedien ihre Funktionen erbringen und frei berichten können, bilden Meinungs-, Presse- und Rundfunkfreiheit in Artikel fünf des Grundgesetzes dazu die rechtlichen Eckpfeiler (Mast, 2012, S. 26). In Landesgesetzen wie dem baden-württembergischen Landespressegesetz (§3 PresseG BW) wird eine ‚öffentliche Aufgabe' für die Presse bzw. die Massenmedien formuliert: „Die Presse erfüllt eine öffentliche Aufgabe, wenn sie in Angelegenheiten von öffentlichem Interesse Nachrichten beschafft und verbreitet, Stellung nimmt, Kritik übt oder auf andere Weise an der Meinungsbildung mitwirkt."

Medien (bzw. die Presse) fördern somit entscheidend den politischen Meinungs- und Willensbildungsprozess in demokratischen Staaten (Mast, 2012, S. 26). Aus diesem Grund werden Massenmedien – neben den staatlichen Gewalten Legislative, Exekutive und Judikative – häufig als ‚vierte Gewalt' bezeichnet (ebd., S. 26). Die grundlegendste aller Aufgaben der Massenmedien besteht in ihrer *Informationsfunktion* (Pürer, 2014, S. 424). Sie dient gewissermaßen als übergreifende Basis für alle weiteren Funktionen der Massenmedien (ebd.). Bürger werden durch die Massenmedien über das Geschehen in der Politik, der Wirtschaft, der Gesellschaft oder in anderen Bereichen informiert. Die Massenmedien übernehmen in allen Ressorts und Themenbereichen, über die sie berichten, wichtige Funktionen (Fengler & Vestring, 2009, S. 32). Eine zentrale Rolle kommt jedoch der politischen Medienberichterstattung zu, auf deren spezielle Funktionen im Folgenden näher eingegangen wird. Als Politikjournalismus wird jener Journalismus bezeichnet, „der sich mit den Entwicklungen und Zuständen der Politik auf internationaler, nationaler, regionaler und lokaler Ebene befasst" (Blum, 2005, S. 346). Um am politischen Meinungs-, Entscheidungs- und Willensbildungsprozess teilnehmen zu können, ist der Politikjournalismus für Bürger demokratischer Staaten elementar (Mast, 2012, S. 311).

Zu den wesentlichen Aufgaben des Politikjournalismus zählen die *Informationsfunktion*, die *Artikulationsfunktion* sowie die *Kritik- und Kontrollfunktion* (Mast, 2012, S. 311; Fengler & Vestring, 2009, S. 30). Damit diese Funktionen erfüllt werden können, muss zunächst eine politische Öffentlichkeit hergestellt werden. Sie bildet die Grundlage für die politische Meinungs- und Willensbildung (Mast, 2012, S. 28). Die *Herstellung von Öffentlichkeit* durch Medien (bzw. den Politikjournalismus) wird deshalb auch als politische Primärfunktion bezeichnet (ebd.). In der Literatur wird die *Herstellung von Öffentlichkeit* oft auch als Synonym für die *Artikulationsfunktion* verwendet (vgl. Pürer, 2014, S. 425).

Die *Informationsfunktion* beschreibt die Aufgabe der Informationsvermittlung zwischen Journalisten und ihrem Publikum. Politikjournalisten sammeln, selektieren und interpretieren politische Informationen, z. B. Aussagen von Kanzlerkandidaten, und publizieren diese in journalistischen Medien (Fengler & Vestring, 2009, S. 31). Durch die journalistische Berichterstattung über Politik werden Menschen über bedeutende öffentliche Ereignisse, Themen und Angelegenheiten informiert, die häufig alle Bürger eines Staates betreffen (ebd., S. 32). Rezipienten nehmen diese Informationen über die Massenmedien wahr und können auf Basis dieser Inhalte am politischen Meinungs-, Willens- und Entscheidungsprozess teilhaben (Mast, 2012, S. 311). Durch die *Artikulationsfunktion* schaffen Medien mit ihrer politischen Berichterstattung eine Plattform, die den indirekten Austausch zwischen Bürgern, Organisationen, Politikern und Institutionen ermöglichen soll. Bürger und politische Akteure sollen miteinander kommunizieren, ihre Meinung austauschen und ihre politischen Positionen öffentlich zum Ausdruck bringen (ebd.). Meinungen und Wünsche werden so allen zugänglich gemacht. Idealerweise sollen alle Meinungen, auch von

Minderheiten, artikuliert werden, um Transparenz zu schaffen (ebd., S. 29). Mit der *Kritik- und Kontrollfunktion* sollen die Massenmedien ihre Rolle als ‚vierte Gewalt' in demokratischen Staaten erfüllen. Hierbei wird der Politikjournalist vom reinen Berichterstatter zum Kritiker und Kontrolleur. Er informiert nicht mehr nur, sondern filtert, interpretiert und kommentiert das politische Geschehen und kritisiert u. U. bestimmte Angelegenheiten oder Akteure (Mast, 2012, S. 312). Politische Vorgänge und Entscheidungen werden durch den Politikjournalismus in die Öffentlichkeit getragen und kritisch begleitet, was Transparenz schafft (ebd., S. 28). Missstände im politischen Geschehen, die dem Bürger ohne die Medienberichterstattung nicht bekannt wären, werden so öffentlich gemacht.

Für die vorliegende Arbeit verdeutlichen die Funktionen der politischen Medienberichterstattung, die soeben beschrieben wurden, die Relevanz des Untersuchungsgegenstands. Gerade während Wahlkämpfen nehmen Bürger mehr denn je an politischen Meinungs- und Entscheidungsprozessen teil – schließlich sollen sie bei der Bundestagswahl eine Entscheidung treffen. Massenmedien informieren Bürger während des Wahlkampfs über die Kanzlerkandidaten, die zur Wahl antreten. Journalisten artikulieren die Meinungen, Ziele und Positionen der Kandidaten in den Medien. Als Kritiker und Kontrolleure werden Journalisten das Handeln der Kandidaten vermutlich auch während des Bundestagswahlkampfs 2021 kritisch begleiten.

2.2 Tageszeitungen in Deutschland

Die Tageszeitung zählt als Printmedium zu den klassischen Massenmedien. In der vorliegenden Studie wird die Berichterstattung der deutschen Printmedien *Süddeutsche Zeitung*, *Die Welt* und *Bild* untersucht.

Als Tageszeitungen werden Printmedien bezeichnet, die täglich oder zumindest nahezu täglich erscheinen (Raabe, 2013, S. 335). Die *Periodizität* (regelmäßige Erscheinungsweise) ist ein erstes wesentliches Merkmal der Tageszeitung. Um sie von Wochenzeitungen oder Sonntagszeitungen abzugrenzen, gilt, dass eine

Tageszeitung mindestens zweimal wöchentlich erscheinen muss, um sie als solche zu bezeichnen (ebd.). Weitere Merkmale der Tageszeitung sind in ihrer *Publizität* (allgemeine Zugänglichkeit und öffentliche Relevanz), *Aktualität* (Inhalte mit gegenwärtiger Relevanz) und *Universalität* (breite Themenvielfalt) zu sehen (Mast, 2012, S. 36). Tageszeitungen berichten über ein breites Spektrum von Themen wie Politik, Wirtschaft, Kultur oder Sport und sprechen dadurch auch ein breites Leserpublikum an (ebd.). Im vierten Quartal 2022 erschienen in Deutschland insgesamt 318 verschiedene Tageszeitungen (BDZV, 2022). Dabei ist der deutsche Tageszeitungsmarkt vor allem von lokalen oder regionalen Zeitungen geprägt: 82 Prozent der verkauften Auflagen der deutschen Tageszeitungen im vierten Quartal 2022 waren lokale und regionale Abonnementzeitungen (ebd.).

Qualitätszeitungen und Boulevardzeitungen

Teil der Untersuchung sind mit der *SZ* und der *Welt* sowohl Tageszeitungen, die gemeinhin als Qualitätszeitungen bezeichnet werden, als auch die *Bild*, die der Gattung der Boulevardzeitungen zugehörig ist. Als Qualitätszeitungen werden prinzipiell Abonnement- bzw. Tageszeitungen bezeichnet, die sich durch ein überregionales oder nationales Verbreitungsgebiet auszeichnen (Raabe, 2013, S. 288). Tageszeitung „gelten dann als überregional bzw. national verbreitet, wenn sie den überwiegenden Teil ihrer Auflage außerhalb ihres Kernverbreitungsgebietes absetzen" (Mast, 2012, S. 36). Im alltäglichen Sprachgebrauch, aber auch in der Literatur, werden die Bezeichnungen ‚Qualitätszeitung' und ‚überregionale Tageszeitung' häufig synonym verwendet. Zu den überregionalen Qualitätszeitungen werden in Deutschland die *Frankfurter Allgemeine Zeitung*, die *Süddeutsche Zeitung (SZ)*, die *Welt* und die *Frankfurter Rundschau* gezählt (Jandura & Brosius, 2011). Den Qualitätszeitungen gegenüber stehen die Boulevardzeitungen. Sie unterscheiden sich insbesondere in einigen inhaltlichen Aspekten wie Aufmachung, Gestaltung, Sprache oder berichteten Themen von Qualitätszeitungen (Raabe, 2013, S. 33). Charakteristisch für Inhalte der Boulevardpresse sind u. a. eine leicht verständliche Sprache, ein plakativer Stil, umfangreiche Visualisierungen und eine emotionale Leseransprache (ebd.). Klassischerweise erfolgt der Vertrieb von Boulevardzeitungen über den Einzelverkauf. Einige Boulevardblätter wie die *Bild* können heute jedoch auch abonniert werden. Neben der im Springer-Verlag erscheinenden populären *Bild* zählen beispielsweise die *Abendzeitung*, *Express* oder *B.Z.* zu den Boulevardzeitungen (Mast, 2012, S. 36).

Die *Bild* ist nicht nur das bekannteste und größte deutsche Boulevardmedium, sondern mit Abstand auch die auflagenstärkste Zeitung Deutschlands. Obwohl sie, rein definitorisch gesehen, der Gattung der Boulevardzeitungen zugeordnet ist, wird sie in pressestatistischen Zählungen den überregionalen Tageszeitungen zugerechnet. Im vierten Quartal 2022 hatte die *Bild* eine Auflage von rund 1,02 Millionen Exemplaren zu verzeichnen, gefolgt von der *Süddeutschen Zeitung* mit 298.066 und der *Frankfurter Allgemeinen Zeitung* mit 189.948 verkauften Ausgaben (IVW, 2023). Das *Handelsblatt* kommt auf 134.787 Exemplare und *Die Welt* ist mit 88.780 Ausgaben ebenfalls unter den fünf auflagenstärksten Tageszeitungen.

2.3 Rolle, Funktionen und Einflüsse der Massenmedien im Wahlkampf

Wie in Kapitel 2.1 dargestellt, erbringen Massenmedien und insbesondere die politische Medienberichterstattung elementare Funktionen für die Gesellschaft. Auch im Wahlkampf spielen Massenmedien eine zentrale Rolle und erfüllen wichtige Aufgaben für Parteien, Kandidaten und Wähler. Die Wahlkampfberichterstattung ist nicht zuletzt deshalb beliebter Gegenstand der kommunikationswissenschaftlichen Forschung (Schulz, 2011, S. 246). Inhaltsanalysen der Wahlkampfberichterstattung können beispielsweise Aufschluss über den Verlauf des Wahlkampfs, über die mediale Selektion und Bewertung des Wahlkampfgeschehens oder über mögliche wahlrelevante Auswirkungen der Massenmedien geben (ebd., S. 247).

2.3.1 Massenmedien im Wahlkampf-Dreieck

Massenmedien sind ein wichtiger Bestandteil des sogenannten ‚Wahlkampf-Dreiecks' (Brettschneider, 2005, S. 20). Neben Parteien und Kandidaten sowie den Wählern bilden die Massenmedien einen der drei Eckpunkte des Modells, das die Beziehungen, Zusammenhänge und Abhängigkeiten der drei Akteure im Wahlkampf veranschaulicht (vgl. Abbildung 2). Im Wahlkampf ist es das oberste Ziel der Parteien und Kandidaten, die Wahl zu gewinnen, also die meisten Stimmen in der Bevölkerung zu erhalten. Hierfür müssen die Parteien zum einen die eigenen Anhänger mobilisieren (Brettschneider, 2005, S. 19). Zum anderen muss es den Parteien und Kandidaten gelingen, parteipolitisch ungebundene Wähler von sich zu überzeugen und zur Stimmabgabe zu bewegen (ebd.).

Abbildung 1: Wahlkampf-Dreieck

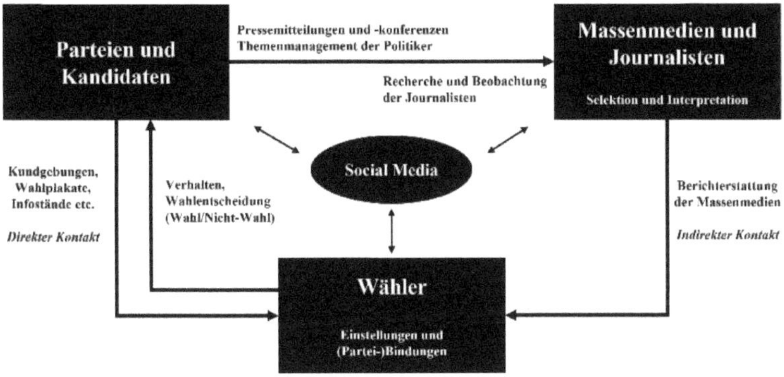

Quelle: Eigene Darstellung (in Anlehnung an Brettschneider, 2021, S. 141).

Um beide Ziele zu erreichen, müssen Kandidaten und Parteien ihre Botschaften, Aussagen und politischen Positionen verbreiten und an die Wähler kommunizieren. Hierfür stehen Politikern grundsätzlich zwei Kommunikationswege zur Verfügung (Brettscheider, 2005, S. 20). Einerseits erreichen sie Wähler über den direkten Kontakt mithilfe verschiedener Wahlkampfinstrumente: Hierzu zählen beispielsweise Wahlkampfveranstaltungen, Kundgebungen, Infostände, Wahlplakate, Flugblätter oder eigene Websites (ebd.). Noch relevanter für die Wahlkampfkommunikation mit den Wählern sind allerdings die Massenmedien. Wähler machen sich ein Bild von Kandidaten und Parteien, indem sie Inhalte konsumieren, die ihnen durch die Berichterstattung der Massenmedien indirekt vermittelt werden. Ein Großteil der Wähler erhält wahlrelevante Eindrücke über die Presseberichterstattung und das Fernsehen (Brettscheider, 2005, S. 20). Für viele Wähler sind Massenmedien die bedeutendste und häufig auch einzige Informationsquelle zur Meinungsbildung (Schulz, 2011, S. 248). Dennoch haben in den letzten Jahren Onlinemedien und Social Media als politische Informationsquellen an Bedeutung gewonnen. Vor allem in jüngeren Altersgruppen sind Onlinekanäle mittlerweile wichtige Quellen für politische Informationen (vgl. Brettschneider, Güllner & Matuschek, 2021; Staudt & Schmitt-Beck, 2019). Sowohl Politikern, Massenmedien als auch Wählern dienen Social Media-Kanäle als (zusätzliche) Plattform, um Inhalte zu verbreiten. Gleichzeitig werden soziale Netzwerke von allen drei Akteuren beobachtet (vgl. Abbildung 2).

Journalisten entscheiden, welche Themen sie als relevant erachten und über was sie in den Massenmedien berichten. Die Inhalte der Wahlkampfberichterstattung kommen dabei folgendermaßen zustande: Einerseits wählen Journalisten Botschaften, Themen und Ereignisse aus (Selektion), andererseits kommentieren sie das politische Geschehen und ordnen es ein (Interpretation) – in der Regel geben Journalisten das Verhalten und die Botschaften von Parteien sowie Kandidaten also nicht ungefiltert wieder (Brettschneider, 2005, S. 21.). Über das Verhalten der Parteien und Kandidaten erfahren Journalisten etwas durch eigene Recherche und die Beobachtung der Akteure. Pressemitteilungen und -konferenzen bieten Politikern Gelegenheiten, sich mit ihren Botschaften konkret an die Journalisten zu wenden (vgl. Abbildung 2).

Journalisten legen u. a. anhand verschiedener Nachrichtenauswahlkriterien fest, welche Themen und Inhalte sie für das Publikum als relevant erachten (Brettschneider, 2005; Brettschneider, Güllner & Matuschek, 2021). In Kapitel 3 wird eine Theorie der Nachrichtenauswahl vorgestellt, die insbesondere für die Beantwortung der vierten und fünften Forschungsfrage relevant ist.

2.3.2 Funktionen der Massenmedien im Wahlkampf

Das ‚Wahlkampf-Dreieck' (vgl. Abbildung 2) veranschaulicht das Zusammenspiel zwischen Massenmedien, Wählern sowie politischen Akteuren und unterstreicht die Relevanz der Massenmedien im Wahlkampf. Neben ihrer grundlegenden Bedeutung im Wahlkampf lassen sich einzelne, spezifische Funktionen der Massenmedien identifizieren, die im Folgenden erläutert werden. Hierzu liefert Schulz (2011) einen Überblick: Wie oben erwähnt, dienen die Massenmedien der *Vermittlung* der Botschaften von Parteien und Politikern an die Wähler. Die Wahlkampfberichterstattung prägt das Bild, das Wähler von Parteien, Programmen und Kandidaten im Wahlkampf erhalten (ebd., S. 247). Für politische Akteure werden Massenmedien im Wahlkampf mitunter auch zu *Werbeträgern*, indem sie Wahlwerbung der Parteien und Kandidaten verbreiten. Dies kann auch indirekt geschehen, indem Massenmedien Wahlwerbung zum Berichterstattungsgegenstand machen, also beispielsweise Wahlplakat-Motive diskutiert werden (ebd.).

Aus der Perspektive der Kandidaten werden Massenmedien im Wahlkampf zu einer *Plattform*, auf der sie sich und ihre politischen Positionen den Wählern präsentieren können (ebd.). Auf dieser ‚Bühne' artikulieren Kandidaten ihre Meinung und verbreiten ihre Botschaften (vgl. auch *Artikulationsfunktion* in Kapitel 2.1.2). Darüber hinaus fungieren Massenmedien als *Forum* für die öffentliche Debatte unter den Kandidaten (Schulz, 2011, S. 247). So können Kandidaten Argumente öffentlich mit ihren Gegnern austauschen, dadurch Aufmerksamkeit in der Bevölkerung generieren und versuchen, Wähler von sich zu überzeugen (ebd.). Massenmedien werden von Parteien und Kandidaten auch als *Instrument der politischen Kampagne* genutzt: Durch gezieltes Themenmanagement wird versucht, die Themen-Agenda im Wahlkampfgeschehen zu den eigenen Gunsten zu beeinflussen – Themen, die sich positiv auf den eigenen Wahlkampf auswirken, sollen gestärkt werden, Themen, die der eigenen Position schaden, sollen geschwächt werden (Schulz, 2011, S. 247; Brettschneider, 2005, S. 21).

Im Wahlkampf sind Massenmedien in der Regel nicht nur reine politische Beobachter, die ihre *Informationsfunktion* erfüllen –

vielmehr werden sie dabei auch selbst zu politischen Akteuren (Schulz, 2011, S. 247; Brettschneider, 2005, S. 21). Vor dem Hintergrund ihrer öffentlichen Aufgabe sowie ihrer *Kritik- und Kontrollfunktion* (vgl. Kapitel 2.1.2) fließen Zustimmung, Kritik und eigene Sichtweisen der Journalisten durchaus in die Berichterstattung mit ein. Redaktionelle Inhalte bleiben dabei nicht immer objektiv. In Kapitel 3 wird erläutert, wie journalistische Tendenzen in der Berichterstattung zustande kommen können. Wie und über welche Themen die Medien berichten, kann durchaus Einfluss auf die Wähler nehmen. Welche Themen in der Berichterstattung über die Kanzlerkandidaten 2021 eine Rolle spielten, wird auch innerhalb der vorliegenden Studie analysiert. Die Wirkungen der Berichterstattung über die Kandidaten sind nicht Untersuchungsgegenstand dieser Arbeit. Jedoch werden aus Gründen der Relevanz im folgenden Kapitel wichtige Wirkungen der Wahlkampfberichterstattung beleuchtet.

2.3.3 Agenda-Setting, Priming und Einflüsse auf die Kandidatenwahrnehmung

Eine der wichtigsten Medienwirkungen, die politische Berichterstattung im Wahlkampf auslösen kann, entsteht durch Agenda-Setting und Priming (Brettschneider, 2014, S. 641). Beide Phänomene haben entscheidenden Einfluss auf das Wählerverhalten. Unter Agenda-Setting wird die sogenannte Thematisierungsfunktion der Massenmedien verstanden (Mast, 2012, S. 28). Durch ihre Berichterstattung und die (Nicht-)Fokussierung bestimmter Themen nehmen Massenmedien Einfluss darauf, welche Themen dem Publikum (nicht) wichtig erscheinen (ebd.). Der Forschungsansatz geht auf Bernhard C. Cohen (1963) zurück, der folgende These formulierte: „The press […] may not be successful much of the time in telling people what to think, but it is stunningly successful in telling its readers what to think about" (S. 13). Massenmedien beeinflussen demnach, „welche Themen von den Menschen als wichtig angesehen werden und welche nicht" (Brettschneider, 2014, S. 641).

Mit seiner These markierte Cohen mehr oder weniger den Ausgangspunkt für zahlreiche Studien, die den Agenda-Setting-

Ansatz inzwischen empirisch untersucht haben. Als Pionierstudie gilt die Untersuchung von McCombs & Shaw (1972), die Themen der ‚Medienagenda' und ‚Publikumsagenda' miteinander abglichen und erstmals herausfanden, dass die Aufmerksamkeit, die Medien einem Thema schenken, Einfluss auf die Wichtigkeit dieses Themas für die Bevölkerung nimmt. Parteien und Kandidaten sind im Wahlkampf in erheblichem Maße davon abhängig, welche Themen die Berichterstattung der Massenmedien dominieren. Für den Wahlerfolg ist die Medienagenda von großer Bedeutung (Brettschneider, 2014, S. 642). Das liegt auch daran, dass Wahlkämpfe in erster Linie Auseinandersetzungen zwischen den Kontrahenten um die dominanten Themen sind (Brettschneider, 2020, S. 10).

Um den Zusammenhang zwischen der Thematisierungsfunktion der Medien und ihrem Einfluss auf die Wahlentscheidung der Bürger herzustellen, muss das ‚Priming' miteinbezogen werden. Priming bedeutet in diesem Zusammenhang, dass Medien mit dem Berichterstattungsumfang, den sie einem Thema verleihen, gleichzeitig die Gewichtung bestimmen, die dieses Thema bei einer Beurteilung von Parteien und Kandidaten für die Bürger hat (Brettschneider, 2020, S. 10). Das ist deshalb relevant, weil Menschen zum Zeitpunkt der Bewertung eines Kandidaten oder einer Partei diejenigen Information heranziehen, die in diesem Moment ‚top of the head', also gedanklich abrufbar sind (Zaller, 1992; Brettschneider, 2014). Themen, die in der Berichterstattung dominieren und dadurch die Bürger erreichen, werden somit „zu einem späteren Zeitpunkt schneller abgerufen und damit für das Urteil eher herangezogen" (Scheufele, 2016, S. 20). Hierbei wird dann vom Priming-Effekt gesprochen.

Stehen Bürger nun vor einer Wahlentscheidung, dann werden sie Kandidaten hinsichtlich ihrer Kompetenzen anhand jener Themen und Aspekte bewerten, die bei ihnen gedanklich präsent sind. Das sind dann insbesondere diejenigen Themen, denen Medien in ihrer Berichterstattung große Aufmerksamkeit schenken – denn ein Bild von den Kandidaten machen sich die Bürger am ehesten durch die Massenmedien (vgl. Kapitel 2.3.1). Je nach thematischem Inhalt kann der Berichterstattungsinhalt einem Kandidaten (oder einer Partei) eher schaden oder eher zuträglich sein. Dominiert beispielsweise die Coronapolitik die Medienberichterstattung, bewerten Wähler die Kandidaten vor allem hinsichtlich ihrer Kompetenzen im Umgang mit der Corona-Krise – andere Themen treten in den Hintergrund. Kandidaten, denen ein kompetenter Umgang mit der Corona-Krise zugeschrieben wird, profitieren in diesem Fall von der Medienagenda. Umgekehrt schadet das Thema im Hinblick auf die Wahlchancen jenen Kandidaten, die hinsichtlich der Coronapolitik als weniger kompetent eingestuft werden.

Einfluss nimmt die Medienberichterstattung nicht nur auf die (wahlrelevanten) Themen, über die sich Bürger Gedanken machen. Wie Massenmedien über den Wahlkampf und Kandidaten berichten, wirkt sich auch auf die Wahrnehmung der einzelnen Kandidaten durch die Bevölkerung aus. So treten auch hierbei Agenda-Setting- und Priming-Effekte auf, indem Schwerpunkte in der Berichterstattung Einfluss auf die Wahrnehmung von Kandidatenimages haben (Brettschneider, 2014, S. 649). Diese wiederum setzen sich aus verschiedenen Teilaspekten zusammen (ebd.). In Kapitel 2.4.3 werden diese Eigenschaftsdimensionen näher betrachtet. In der Berichterstattung dominanter auftretende Eigenschaften werden für die Gesamtbewertung eines Kandidaten von Bürgern eher herangezogen als solche Eigenschaften, die von den Medien seltener erwähnt werden (ebd., S. 650).

Einzelne Eigenschaftsdimensionen eines Kandidaten können in den Medien zwar gänzlich unterschiedlich bewertet werden, für die Gesamtbewertung vor allem entscheidend sind am Ende aber die in den Medien dominanten Teilaspekte (ebd.). Je nach thematisierter Eigenschaft kann dieselbe dominante Eigenschaft dem einen Kandidaten schaden, während sie sich auf die Wahrnehmung des Gegenkandidaten positiv auswirkt. Generell sind bei der Medienberichterstattung über Personen bzw. Kandidaten direkte, persuasive Wirkungen der Bewertungen der Kandidaten durch Medien auf die Beurteilung der Kandidaten durch Rezipienten häufiger zu beobachten als bei einer rein themenbezogenen Berichterstattung (Brettschneider, 2014, S. 646).

2.4 Darstellung von Kandidaten in der Medienberichterstattung

Nachdem in Kapitel 2.3 die Rolle der Massenmedien und ihrer Berichterstattung im Kontext des Wahlkampfs herausgearbeitet wurde, wird im Folgenden speziell auf die Darstellung von Kandidaten in der Medienberichterstattung eingegangen. Hierzu werden ausgewählte Forschungsarbeiten betrachtet, die die Berichterstattung über Kandidaten vergangener Wahlkämpfe inhaltsanalytisch untersucht haben. Zunächst wird ein grober Überblick über Anlagen und Ziele dieser Studien gegeben, anschließend werden Ergebnisse dieser und weiterer Untersuchungen betrachtet. Ein besonderes Augenmerk gilt dabei jenen Aspekten der Berichterstattung über Kandidaten, die mit den Forschungsfragen der vorliegenden Arbeit (vgl. Kapitel 1.2) auch im Hinblick auf den Bundestagswahlkampf 2021 untersucht werden: *Formale Eigenschaften* der Berichterstattung und *Präsenz* der Kandidaten, *Themen* der Berichterstattung, *Bewertungen* der Kandidaten, *Bewertungsdimensionen* (Eigenschaftsdimensionen) und *Akteure* (Urheber der Aussagen).

Eine umfangreiche Untersuchung von Kanzlerkandidaten in der Berichterstattung stammt von Wilke & Reinemann (2000). Sie führten eine Langzeitstudie durch, in der sie die Wahlkampfberichterstattung zu allen 14 Bundestagswahlen von 1949 bis 1998 vergleichend analysierten. Untersuchungsgegenstand der Langzeitstudie ist die Presseberichterstattung zu den Bundestagswahlen in den vier Tageszeitungen *Süddeutsche Zeitung*, *Die Welt*, *Frankfurter Rundschau* und *Frankfurter Allgemeine Zeitung*. Hierfür untersuchten Wilke & Reinemann zu jeder Bundestagswahl Pressebeiträge aus den letzten vier Wochen vor den jeweiligen Wahlterminen. Analog zur vorliegenden Arbeit analysierten die Autoren die Inhalte sowohl auf Artikelebene als auch auf Aussagenebene: So wurden auf Artikelebene Kategorien wie beispielsweise Umfang, Darstellungsform und Thema des Beitrags verschlüsselt – auf Aussagenebene wurden wertende Aussagen über die Kanzlerkandidaten erfasst (Wilke, 2000, S. 86). Zusätzlich erfassten die Autoren auf einer dritten Ebene die bildliche Darstellung der Kandidaten. Auch für die folgenden Bundestagswahlen wurde die Untersuchung fortgesetzt, als Teil der ursprünglichen Langzeitstudie wurde das grundlegende Forschungsdesign dabei stets beibehalten. Für die Bundestagswahl 2002 (Wilke & Reinemann, 2003), die vorgezogene Bundestagswahl 2005 (Wilke & Reinemann, 2006), die erste Wahl in der Amtszeit Angela Merkels (Wilke & Leidecker, 2010) sowie für die Wahlen 2013 (Leidecker & Wilke, 2015) und 2017 (Leidecker-Sandmann & Wilke, 2019) wurden die Analysen der Wahlkampfberichterstattung fortgeführt.

Der Darstellung der Kanzlerkandidaten in der Wahlkampfberichterstattung widmen sich auch Boomgarden & Semetko (2007). Mit ihrer Studie untersuchten sie Beiträge aller Hauptnachrichtensendungen von *ARD*, *ZDF*, *Sat.1* und *RTL* sowie Artikel auf den ersten beiden Seiten der *Bild-Zeitung* (ebd., S. 178). Teil der Inhaltsanalyse sind dabei jene Beiträge dieser Medien, die in den letzten sechs Wochen vor der Bundestagswahl 2005 erschienen sind. Die Tatsache, dass mit Angela Merkel 2005 zum ersten Mal eine Frau für das Kanzleramt kandidierte, nahmen Boomgarden & Semetko zum Anlass, die Medien insbesondere hinsichtlich geschlechtsspezifischer Unterschiede zu untersuchen. Im Fokus der Analyse steht die Berichterstattung über den damals amtierenden Kanzler Gerhard Schröder und Kandidatin Angela Merkel sowie insbesondere die Rolle, die das Geschlecht der Kandidaten in den Medien spielte (ebd., S. 184). Zu den wesentlichen Konstrukten, die die Forscher untersuchten, zählen die Präsenz und Bewertung der Kandidaten, die Themen in der Berichterstattung, die Darstellung von Charaktereigenschaften der Kandidaten sowie die mediale Verwendung spezieller ‚Horserace'- und ‚Genderframes' (ebd., S. 184 ff.).

Eine ähnliche Studie führten Koch & Holtz-Bacha (2008) durch. Auch sie analysierten die Wahlkampfberichterstattung über Merkel und Schröder vor der Bundestagswahl 2005. Ein Schwerpunkt ihrer Analyse bestand ebenfalls darin, geschlechtsspezifische Unterschiede sowie die allgemeine Bedeutung des Geschlechts in der Berichterstattung über die Kandidaten zu betrachten. Im Unterschied zu Boomgarden & Semetko untersuchten Koch & Holtz-Bacha ausschließlich Printmedien, darunter auch die *Süddeutsche Zeitung* und die *Bild*. Die empirische Inhaltsanalyse der beiden

Autoren umfasst einen Untersuchungszeitraum von knapp zweieinhalb Monaten vor der Bundestagswahl bis zum Vortag der Wahl. In den Untersuchungszielen der Studie von Koch & Holtz-Bacha finden sich einige Untersuchungsaspekte wieder, die im Wesentlichen auch im Zuge anderer Analysen der Kandidatendarstellung betrachtet werden. So überprüften die Autoren u. a. die Präsenz der Kandidaten, die Bewertungen hinsichtlich Charaktereigenschaften und politischer Kompetenz der Kandidaten sowie deren äußere Erscheinung und Performance in den Medien (Koch & Holtz-Bacha, 2008, S. 53-54). In den Fokus ihrer Untersuchung rückten die Autoren außerdem die geschlechtsspezifischen Unterschiede, die Darstellung des Privatlebens sowie die Rolle der Herkunft der Kandidaten in der Presseberichterstattung (ebd.).

Im Folgenden wird nun ein kurzer Überblick über Untersuchungsergebnisse der oben genannten sowie weiterer Studien gegeben. Dabei werden vor allem Untersuchungsaspekte betrachtet, die auch im Rahmen der vorliegenden Arbeit relevant sind.

2.4.1 Formale Eigenschaften der Berichterstattung und Präsenz der Kandidaten

Unter den *formalen Eigenschaften* der Berichterstattung sind jene Merkmale zu verstehen, die die äußere Form der Wahlkampfberichterstattung kennzeichnen. Hierzu zählen beispielsweise der Umfang der Berichterstattung, die journalistischen Darstellungsformen oder die Ressorts, in denen die Beiträge erscheinen. Leidecker-Sandmann & Wilke (2019) verzeichnen eine Zunahme der Berichterstattung zur Bundestagswahl 2017 im Vergleich zu den beiden vorangegangenen Wahlkämpfen 2009 und 2013. Unterschiedliche Intensitäten der Berichterstattung in den letzten vier Wochen vor der Wahl machen die Forscher an einzelnen Wahlkampfereignissen fest: So führen sie den Gipfel der Berichterstattung – drei Wochen vor der Wahl – auf das medienwirksame TV-Duell der Spitzenkandidaten zurück (ebd., S. 215). In der vergleichenden Langzeitstudie messen die Autoren die mit Abstand größten Berichterstattungsumfänge bei den Bundestagswahlen 2002 und 2005 (Wilke & Reinemann, 2003; Wilke & Reinemann, 2006). Bei der

Bundestagswahl 2005 stellen Boomgarden & Semetko (2007) einen ansteigenden Umfang der Berichterstattung über Schröder und Merkel zum Wahltermin hin fest (S. 180). Die Autoren registrieren zudem eine wochenweise schwankende Intensität der Wahlkampfberichterstattung (ebd.). Hinsichtlich des Umfangs der Berichterstattung zur Bundestagswahl 2005 erkennen Koch & Holtz-Bacha (2008) einen Unterschied zwischen den Medien: Zwar berichteten alle untersuchten Printmedien über die Kanzlerkandidaten, die meisten Beiträge waren jedoch in den Tageszeitungen *Süddeutsche Zeitung*, *Frankfurter Allgemeine Zeitung* und *Bild zu* finden (S. 55).

Die meisten Beiträge über die Spitzenkandidaten identifizierten die Autoren im politischen Ressort, weitere Artikel wurden außerdem in Wirtschafts- und Feuilletonressorts abgedruckt. Erwähnt wurden Schröder und Merkel vor allem in Berichten, gefolgt von Kommentaren und Leitartikeln (ebd.). Ähnliches stellen Leidecker-Sandmann & Wilke (2019) bei der Bundestagswahl 2017 fest: 45 Prozent der Beiträge entfallen auf Nachrichten bzw. Berichte, 28 Prozent auf Kommentare und 18 Prozent auf Reportagen (S. 216). In der Langzeitbetrachtung verzeichnen die Autoren einen Rückgang der tatsachenbetonten Wahlkampfberichterstattung und eine Zunahme meinungsbetonter Beiträge (ebd., S. 237). Die Analysen der Langzeitstudie von Leidecker-Sandmann & Wilke (2019) beschränken sich allerdings auf politische Ressorts, Titelseiten, Kommentar- und Reportageseiten sowie die Rubriken Medien und Vermischtes (S. 211).

Mit der *Präsenz* der Kandidaten ist der Umfang, in dem über die einzelnen Kanzlerkandidaten berichtet wird, gemeint. In einigen Forschungsarbeiten zur Wahlkampfberichterstattung wird ein sogenannter ‚Kanzlerbonus', also ein Präsenzvorsprung des amtierenden Kanzlers in den Massenmedien, gemessen (Koch & Holtz-Bacha, 2008, S. 53; Wagner, 2007, S. 152). Das bedeutet, dass der Amtsinhaber einen größeren Umfang in den Medien einnimmt, also häufiger Gegenstand der Berichterstattung ist und häufiger erwähnt wird. Empirisch belegen konnten Leidecker-Sandmann & Wilke (2019) den ‚Kanzlerbonus' auch für die Bundestagswahl 2017. Kanzlerin Angela Merkel wurde in der Berichterstattung häufiger erwähnt und auch öfters bewertet als Herausforderer Martin

Schulz (S. 231). Ausnahmen hinsichtlich des Amtsbonus stellen die Autoren bei den Wahlen 1980 und 2005 fest: Hier wurde in der Berichterstattung zu den Herausforderern Franz Josef Strauß bzw. Angela Merkel sogar häufiger Bezug genommen als zu den Amtsinhabern (ebd., S. 224). Auch Boomgarden & Semetko (2007) sowie Koch & Holtz-Bacha (2008) bestätigen die Wahl 2005 als eine seltene Ausnahme und stellen keinen ‚Kanzlerbonus' in der Berichterstattung fest.

Unter dem Gesichtspunkt der medialen Präsenz der Kandidaten stellt die Bundestagswahl aus zwei Gründen eine Besonderheit dar. Erstens kann kein Kanzlerbonus in der Berichterstattung nachgewiesen werden, da kein Amtsinhaber an der Wahl beteiligt war – Bundeskanzlerin Angela Merkel trat nicht erneut zur Wahl an. Die Bundestagswahl fand ohne Titelverteidiger statt. Das zweite Novum besteht in der neuartigen Kandidatenkonstellation: Erstmals treten nicht nur zwei, sondern gleich drei Spitzenkandidaten zur Wahl an. Deshalb gilt es, die Präsenz aller drei Kandidaten dieser Konstellation in den Medien zu untersuchen.

2.4.2 Themen in der Berichterstattung

In der Forschung zur Wahlkampfberichterstattung sind *Themen* zentrale Konstrukte, die inhaltsanalytisch untersucht werden. Bevor Ergebnisse bisheriger Forschungsarbeiten betrachtet werden, wird der Begriff ‚Thema' definitorisch beleuchtet. Brinker (2014) definiert ein Thema aus literaturwissenschaftlicher Perspektive „als Kern des Textinhaltes, wobei der Terminus ‚Textinhalt' den auf einen oder mehrere Gegenstände bezogenen Gedankengang eines Textes bezeichnet" (S. 55). Rössler (2011) schreibt Themen aus kommunikationswissenschaftlicher Perspektive eine Gliederungsfunktion für das aktuelle Geschehen und die öffentliche Kommunikation zu: „Themen stellen zentrale Organisationsprinzipien für das aktuelle Zeitgeschehen dar – sowohl für die Berichterstattung der Massenmedien als auch für die Repräsentation in den kognitiven Schemata der Rezipienten" (Rössler, 2011, S. 250). Die Betrachtung der Themen in der Presseberichterstattung über die Kanzlerkandidaten liefert wichtige Erkenntnisse über Struktur, Verlauf und

Inhalte des Wahlkampfgeschehens. Laut Leidecker-Sandmann & Wilke (2019) ist in den vier Wochen vor der Bundestagswahl der Wahlkampf selbst das dominierende Thema in der Berichterstattung der Tagespresse. Das stellen die Autoren über alle Bundestagswahlen hinweg fest. Im Jahr 2017 machten Artikel über den Wahlkampf selbst einen Anteil von 56 Prozent aus, gefolgt von Außenpolitik (15%), Innenpolitik (6%) und Parteipolitik mit fünf Prozent (ebd., S. 219). Auch Koch & Holtz-Bacha (2008) analysieren in der Wahlkampfberichterstattung über Schröder und Merkel 2005, dass der größte Anteil der Beiträge (50%) die Wahl selbst zum Hauptthema machte (S. 56). Es folgten Artikel über die Themen Wirtschaft und Arbeit (10%), Außenpolitik (7%) sowie Steuern und Finanzen mit fünf Prozent (ebd.).

Koch & Holtz-Bacha unterscheiden in ihrer Untersuchung zudem zwischen ‚weichen' und ‚harten' Themen, bei den ‚weichen' Themen wurden die Spitzenkandidaten am häufigsten im Zusammenhang mit Bildung und Kultur (4%) genannt (ebd.). Verschiedene empirische Analysen zeigen, dass Frauen bzw. Kandidatinnen in den Medien häufiger im Kontext sogenannter ‚weicher' Themen wie Gesundheits- oder Sozialpolitik genannt werden und seltener mit sogenannten ‚harten' Themen wie Wirtschafts- oder Außenpolitik in Verbindung gebracht werden (Koch & Holtz-Bacha, 2008, S. 54; Schmerl, 2002, S. 409; Kahn & Goldenberg, 1991). Hinsichtlich solcher ‚weichen' und ‚harten' Themenkategorien konnten jedoch weder Boomgarden & Semetko (2007) noch Koch & Holtz-Bacha (2008) vor der Wahl 2005 gravierende geschlechtsspezifische Unterschiede zwischen Merkel und Schröder nachweisen. Mit Annalena Baerbock trat 2021 die erste grüne Kanzlerkandidatin bei einer Bundestagswahl an. Möglicherweise lassen sich im Vergleich mit ihren männlichen Gegenkandidaten Armin Laschet und Olaf Scholz Unterschiede hinsichtlich der thematischen Kontexte in der Berichterstattung verzeichnen.

2.4.3 Bewertungen, Bewertungsdimensionen und Akteure

Neben ihrer medialen Präsenz und den Themen, mit denen die Kanzlerkandidaten in den Medien in Verbindung gebracht werden, ist für sie außerdem besonders relevant, wie sie in der Berichterstattung bewertet, dargestellt und welche Kandidateneigenschaften in den Vordergrund gestellt werden. Wie die Berichterstattung über Kandidaten im Wahlkampf ausfällt, kann Einstellungen und Handlungen der Wählerschaft sowie das Bild, das sich Wähler von Politikern machen, beeinflussen (Leidecker-Sandmann & Wilke, 2019, S. 230). Dieses Bild bzw. ‚Image' eines Kandidaten setzt sich aus der Wahrnehmung unterschiedlicher, einzelner Kandidateneigenschaften durch die Wähler zusammen (Brettschneider, 2002, S. 134). Solche Kandidatenimages, die also aus einzelnen Komponenten bestehen, „beruhen einerseits auf aktuellen Eindrücken, andererseits müssen sie vor dem Hintergrund der oft über Jahre hinweg gewonnenen Erfahrungen mit den betreffenden Politikern gesehen werden" (ebd., S. 135).

Hier kommt die Berichterstattung der Massenmedien zum Tragen: Beide eben genannten Eindrücke von Kandidaten erhalten Wähler in erster Linie über die Massenmedien (ebd.). In den Massenmedien wird über Kandidaten nicht nur neutral berichtet, vielmehr werden sie von Journalisten und anderen Akteuren auch bewertet. Diese *Bewertungen* können dabei im Kontext unterschiedlicher Themen (vgl. Kapitel 2.4.2) stattfinden. Bewertungen der Kandidaten geschehen durch das Zu- oder Absprechen positiver oder negativer Kandidateneigenschaften mittels Lob oder Kritik bzw. der Zurückweisung von Lob oder Kritik durch Journalisten und weitere Akteure in der Berichterstattung (Leidecker-Sandmann & Wilke, 2019, S. 230). Die Bewertungen in den Medien können dabei unterschiedliche Eigenschaften und Merkmale eines Politikers betreffen, die in ihrer Gesamtheit das Image eines Kandidaten bilden. Die einzelnen Kandidateneigenschaften lassen sich strukturieren und zu verschiedenen Eigenschaftsdimensionen (*Bewertungsdimensionen*) gruppieren (vgl. Tabelle 1). Brettschneider (2002) teilt die Kandidateneigenschaften in vier unterschiedliche Bewertungsdimensionen ein: *Themenkompetenz, Leadership-Qualitäten, Integrität und unpolitische Merkmale* (S. 143 ff.).

Die Bewertungsdimension *politische Themen- & Sachkompetenz* umfasst Kandidateneigenschaften, die Kompetenzen in verschiedenen Politikfeldern wie beispielsweise Finanz- oder Außenpolitik betreffen. Kandidaten werden hierbei danach bewertet, wie kompetent sie politische Sachfragen angehen und bearbeiten. Außerdem fällt hierunter die Fähigkeit eines Kandidaten, Probleme wahrzunehmen und zu lösen (ebd.). Zu den *Führungs- & Leadership-Qualitäten* werden Eigenschaften wie Durchsetzungsvermögen, Führungsstärke und Tatkraft gezählt. Das Vorhandensein dieser Eigenschaften trägt dazu bei, dass ein Kandidat seine Ideen, Vorstellungen und politischen Positionen durchsetzen kann (ebd.).

Unter der Bewertungsdimension *Integrität* werden jene Kandidateneigenschaften gefasst, welche die Ehrlichkeit, Glaubwürdigkeit und Verlässlichkeit eines Politikers betreffen (vgl. Tabelle 1). Diese kommen beispielsweise dann zum Tragen, wenn Wähler einschätzen, ob ein Kandidat sein im Wahlkampf gegebenes Wahlversprechen nach der Wahl einlösen wird. Die vierte Bewertungsdimension *Persönliches* umfasst unpolitische Merkmale, die sozusagen den ‚Menschen hinter dem Kandidaten' beschreiben. Hierzu zählen persönliche Eigenschaften wie Aussehen, Ausstrahlung und Sympathie (Brettschneider, 2002, S. 144). Diese können als ‚rollenferne' Eigenschaften eines Kandidaten bezeichnet werden, da sie nicht in direkter Verbindung mit seiner beruflichen Rolle als Politiker stehen (ebd., S. 141). Allerdings können sie durchaus Einfluss auf die Ausübung des Berufs haben (ebd., S. 144). So ist beispielsweise anzunehmen, dass ein gesundes Maß an Selbstbewusstsein einen Kandidaten auch dazu befähigt, in der Ausübung eines politischen Amts Führungsstärke zu zeigen und sich durchsetzen zu können.

Tabelle 1: Bewertungsdimensionen für Spitzenkandidaten

Bewertungsdimensionen	Kandidateneigenschaften
Politische Themen- & Sachkompetenz	themenbezogene Kompetenz, Konzepte für Problemlösungen, Kompetenz für einzelne Politikfelder, Kompetenz für politisches Amt
Führungs- & Leadership-Qualitäten	Durchsetzungsvermögen, Führungsstärke, tatkräftig, entscheidungsfreudig, innovativ, kreativ, dynamisch, kompromissfähig, standfest, beharrlich, vorausschauend, Weitblick
Integrität	ehrlich, aufrichtig, glaubwürdig, verantwortungsbewusst, Bürger-Nähe, verlässlich
Persönliches	starke Persönlichkeit, Aussehen, Ausstrahlung, sympathisch, selbstbewusst, charismatisch, gesund, beliebt

Quelle: Eigene Darstellung (in Anlehnung an Brettschneider, 2002, S. 211).

Auch in der Forschung zur Wahlkampfberichterstattung sind Kandidatenbewertungen und -eigenschaften Gegenstand empirischer Untersuchungen. In ihrer Langzeitstudie verzeichnen Leidecker-Sandmann & Wilke (2019) seit den achtziger Jahren einen überwiegend negativen Tenor gegenüber den Kanzlerkandidaten in der Presseberichterstattung. Im Saldo gab es in den Wahlkämpfen seit 1980 mehr negative als positive Beiträge über die Kandidaten (ebd., S. 231). Dabei unterscheiden sich die Anteile negativer und positiver Beiträge in der Presse allerdings je nach Wahljahr, es lässt sich kein eindeutiger Trend ausmachen. Laut Leidecker-Sandmann &

Wilke (2019) fiel der Gesamttenor gegenüber den Kanzlerkandidaten im Rahmen der Bundestagswahl 2013, bei der Angela Merkel und Peer Steinbrück antraten, am negativsten aus.

Bei der Analyse der Bewertungen zeigt sich weiterhin, dass die hohe Präsenz eines Kandidaten in der Presseberichterstattung nicht zwangsläufig von Vorteil ist. So stellt Wagner (2007) in ihrer Untersuchung der *Bild-Zeitung* fest, dass während des Wahlkampfs 2005 zwar ein höherer Anteil der Aussagen auf Gerhard Schröder entfällt und er damit einen Präsenzvorsprung vor Herausforderin Angela Merkel hat. Allerdings wird Schröder in der Berichterstattung der Bild wesentlich schlechter bewertet als Merkel (ebd., S. 158). Zu einer ähnlichen Erkenntnis kommen Wagner & Brettschneider (2008) bei ihrer Untersuchung der *Bild*-Berichterstattung über die Kanzlerkandidaten 2002. Über Kanzler Schröder wurde deutlich häufiger berichtet als über Herausforderer Edmund Stoiber. Jedoch wurde Schröder in der *Bild* insgesamt deutlich negativ bewertet, während über Stoiber im Saldo neutral berichtet wurde (ebd., S. 233). Und auch bei der Wahl 2017 wurde Amtsinhaberin Merkel in der Presse zwar häufiger als SPD-Kandidat Martin Schulz erwähnt, allerdings schnitt sie im Durchschnitt der wertenden Aussagen negativer ab als ihr Herausforderer (Leidecker-Sandmann & Wilke, 2019). Ein Präsenzvorsprung in den Medien muss also nicht unbedingt von Vorteil sein, vielmehr gilt es darüber hinaus, die Tonalität der einzelnen Bewertungen zu betrachten.

Hinsichtlich der unterschiedlichen Bewertungsdimensionen stellen Wilke & Reinemann (2003) im Langzeitvergleich fest, dass sich die meisten Aussagen insgesamt auf Sachkompetenzen der Kandidaten beziehen. An zweiter Stelle stehen Bewertungen, die persönliche Merkmale der Kandidaten betreffen (ebd.). Die Autoren betonen jedoch, dass es hierbei erhebliche Schwankungen zwischen den Bundestagswahlen und den einzelnen Kandidaten gab (ebd., S. 46). Koch & Holz-Bacha (2008) stellen bei ihrer Untersuchung der Presseberichterstattung zur Wahl 2005 ebenfalls fest, dass die Bewertungen in den Medien viel häufiger Bezug zu politischen Kompetenzen als zu persönlichen Eigenschaften der Kandidaten nehmen. Im Hinblick auf die politischen Kompetenzen wurde Amtsinhaber Gerhard Schröder wesentlich negativer beurteilt als Gegenkandidatin Angela Merkel (ebd., S. 59). Bewertungen der persönlichen Eigenschaften waren in der Presse nur in sehr geringem Umfang vorhanden (ebd.).

In der Wahlkampfberichterstattung 2017 wurde SPD-Kandidat Martin Schulz vor allem positiv in Bezug auf seine Persönlichkeit bewertet, wohingegen seine politischen Kompetenzen insgesamt leicht negativ bewertet wurden (Leidecker-Sandmann, 2019, S. 236). Die positiven persönlichen Bewertungen führen die Forscher auf den am Anfang des Wahlkampfs existenten ‚Schulz-Hype' in der Öffentlichkeit zurück (ebd. S. 236). Die Berichterstattung über Kanzlerin Merkel fiel hingegen – sowohl hinsichtlich ihrer politischer Kompetenzen als auch bezüglich persönlicher Merkmale – überwiegend negativ aus. Dies führen die Autoren auf Merkels beschädigtes Image im Zuge der Flüchtlingskrise 2015 zurück (ebd., S. 239). Boomgarden & Semetko (2007) stellen fest, dass Merkel in den Medien 2005 eine größere Problemlösungskompetenz als Schröder zugeschrieben wurde. Insgesamt registrieren die Autoren bei der Wahl 2005 allerdings eine vorteilhaftere Charakterisierung Schröders in der Berichterstattung (ebd.). Laut Wagner (2007) spielt die Bewertungsdimension Integrität 2005 kaum eine Rolle in der *Bild* und Führungsqualitäten der Kandidaten werden so gut wie gar nicht thematisiert. Die Integrität Schröders wird besonders negativ beurteilt, während Merkels Integrität positiv gesehen wird (ebd., S. 160).

Die Bewertungen der Kanzlerkandidaten in den Medien kommen durch wertende Aussagen verschiedener *Akteure* in der Berichterstattung zustande. Hierzu zählen in erster Linie die Journalisten selbst, die sich in ihren Beiträgen wertend über die Kandidaten äußern. Die Journalisten können aber selbstverständlich auch andere Akteure wie Politiker, Wirtschaftsvertreter oder Prominente, die sich ebenfalls wertend über die Kandidaten äußern (können), zu Wort kommen lassen. Anhand der Summe der wertenden Aussagen über einen Kandidaten lässt sich die Gesamttendenz gegenüber einem Kandidaten erfassen. Das kann sowohl auf Beitragsebene als auch global für das gesamte Medium geschehen.

Die Tendenz der Berichterstattung über Politiker und Parteien kann als Grundlage für die Ermittlung der sogenannten redaktionellen Linie eines Medium dienen (Pürer, 2014, S. 195). Als *redaktionelle Linie* wird die „grundsätzliche, von aktuellen Ereignissen unabhängige Berichterstattungstendenz [eines Mediums bezeichnet]" (ebd., S. 195). Hinsichtlich dieser redaktionellen Linie können Medien in ein politisches Spektrum zwischen politisch links und politisch rechts eingeordnet werden (ebd.). Die redaktionellen Linien der vier großen, überregionalen Qualitätszeitungen *Frankfurter Rundschau* (links), *Süddeutsche Zeitung* (gemäßigt links), *Frankfurter Allgemeine Zeitung* (gemäßigt konservativ) und *Die Welt* (konservativ) repräsentieren dieses politische Spektrum in der deutschen Presselandschaft (Wilke, 2009, S. 472). Auch die redaktionelle Linie der *Bild* (konservativ) wurde bereits untersucht (Pürer, 2014, S. 195).

In Wahlkämpfen, wenn Printmedien das Wahlkampfgeschehen begleiten, einordnen und Kandidaten sowie Parteien beurteilen, kommen die redaktionellen Linien der Tageszeitungen besonders zum Vorschein. So stellen Wilke & Reinemann (2000) in ihrer Langzeitstudie fest, dass die politisch links anzusiedelnden Tageszeitungen *FR* und *SZ* in den vier Wochen vor der Wahl in Summe positiver über SPD-Kandidaten als über Kandidaten der CDU berichten. Gegenteiliges konnten die Autoren für die konservativen Blätter *FAZ* und *Die Welt* nachweisen – sie beurteilten die CDU-Kandidaten insgesamt positiver (ebd.). Die *Bild-Zeitung* bewertete, entsprechend ihrer konservativen Linie, Gerhard Schröder und das rot-grüne Lager vor der Wahl 2005 überwiegend negativ und Angela Merkel sowie das schwarz-gelbe Lager überwiegend positiv (Wagner, 2007, S. 158). Natürlich treten hinsichtlich der redaktionellen Linie in der Berichterstattung auch Ausnahmen auf: So beurteilte die konservative Tageszeitung *Welt* in den vier Wochen vor der Wahl 2017 Kanzlerin Angela Merkel überwiegend negativ, während sie SPD-Kandidat Martin Schulz positiver als die anderen drei überregionalen Qualitätszeitungen bewertete (Leidecker-Sandmann & Wilke, 2019, S. 240).

Die Medien bestimmen mit ihren Bewertungen der Spitzenkandidaten maßgeblich, welchen Eindruck Wähler von den Kandidaten erhalten. Dabei können Journalisten bestimmte Eigenschaftsdimensionen in den Vordergrund rücken oder außen vor lassen.

Die Bewertungen der Kandidaten in den Medien führt zu Berichterstattungstendenzen, die wiederum grundlegend für die redaktionellen Linien von Printmedien sind. Wie Berichterstattungstendenzen zustande kommen können und welche Rolle Journalisten dabei spielen, wird im nächsten Kapitel anhand einer Theorie der Nachrichtenauswahl erläutert.

3 Theorien der Nachrichtenauswahl: Der News-Bias-Ansatz

Journalisten entscheiden über die Inhalte der Medienberichterstattung. Sie legen fest, über welche Themen, Ereignisse und Akteure sie berichten und über welche nicht – denn selbstverständlich kann nicht über alles, was in der Welt passiert, berichtet werden. Durch Selektions- und Interpretationsleistungen der Journalisten entstehen die Inhalte der Berichterstattung (vgl. Kapitel 2.3.1). Dabei können unterschiedliche Faktoren Einfluss auf die journalistische Auswahl der Inhalte haben. Kommunikationswissenschaftliche Theorien zur Nachrichtenauswahl beschäftigen sich mit der Frage, welche Faktoren das sind und wie Medieninhalte somit zustande kommen. Im Allgemeinen kann zwischen drei theoretischen Ansätzen unterschieden werden, die der Erklärung der journalistischen Nachrichtenauswahl dienen: die Gatekeeper-Forschung, die Nachrichtenwertforschung und die News-Bias-Forschung (Kepplinger, 2011, S. 47). Der *News-Bias-Ansatz* soll im folgenden Kapitel näher betrachtet werden. Er dient vor allem der Beantwortung der vierten und fünften Forschungsfrage (vgl. Kapitel 1.2) als theoretische Grundlage.

Der *News-Bias-Ansatz* hat zum Ziel, „Unausgewogenheiten, Einseitigkeiten und politische Tendenzen in der Medienberichterstattung zu messen sowie Aufschluss über deren Ursachen zu erlangen" (Staab, 1990, S. 27). Mit dem Ansatz werden zwei Fragen in den Fokus gerückt: Einerseits gilt es zu untersuchen, ob die Berichterstattung über einen bestimmten Gegenstand (z. B. ein Kandidat, eine Partei) einseitig bzw. verzerrt ist. Andererseits soll analysiert werden, wie diese Einseitigkeiten bzw. Tendenzen zustande kommen (Bachl & Vögele, 2013, S. 364). Von zentraler Bedeutung sind dabei subjektive Einflussfaktoren auf die journalistische Nachrichtenauswahl: Der News-Bias-Ansatz beschäftigt sich vor allem mit dem Zusammenhang zwischen politischen Einstellungen und Präferenzen der Journalisten und ihrer (möglicherweise einseitigen) Berichterstattung (Staab, 1990). Die politischen Einstellungen der Journalisten und Medien bezüglich des Berichterstattungsgegenstands werden als Ursache für die Tendenzen ausgemacht (Bachl & Vögele, 2013, S. 364). In der Tradition der News-Bias-Forschung widmeten sich Autoren dem Thema bisher in unterschiedlichen Studien aus verschiedenen Blickwinkeln (Wagner, 2007, S. 150). Somit stellt der News-Bias-Ansatz keine einheitliche Theorie dar, sondern ist vielmehr als vielschichtige Forschungsrichtung zu verstehen (ebd.).

Relevant ist die Untersuchung von News Bias insbesondere im Rahmen sogenannter *publizistischer Konflikte*, da die beteiligten Akteure hierbei versuchen, den öffentlichen Diskurs und die Medienberichterstattung zu ihrem Vorteil zu beeinflussen (Bachl & Vögele, 2013, S. 364). Kepplinger (2009) beschreibt Wahlkämpfe als ritualisierte publizistische Konflikte, bei denen „die Auseinandersetzungen zwischen den Parteien [und Kandidaten] mit Hilfe der Massenmedien vor ihrem Publikum, den Wählern, ausgetragen [werden]" (Kepplinger, 2009, S. 155). Die Gegenstände dieser publizistischen Konflikte im Rahmen von Wahlkämpfen „sind Politiker und Parteien, ihre Programme sowie ihre früheren Fehler und Leistungen" (ebd., S. 155). So stehen in der Tradition der News-Bias-Forschung besonders empirische Inhaltsanalysen der Berichterstattung über Wahlkämpfe oder andere politische Konflikte im Mittelpunkt (Wagner, 2007; Klein & Maccoby, 1954; Brettschneider & Wagner, 2008; Bachl & Vögele, 2013).

Als Pionierstudie kann die Untersuchung ‚Newspaper Objectivity in the 1952 Campaign' von Klein & Maccoby (1954) betrachtet werden, die mit ihrem Untersuchungsansatz eine für die News-Bias-Forschung charakteristische Vorgehensweise wählten (Kepplinger, 2011). Die beiden Forscher verglichen in ihrer Studie die politischen Präferenzen der Verleger oder Herausgeber von Tageszeitungen mit der Anzahl und Platzierung der Artikel sowie der darin enthaltenen Bewertungen des republikanischen und des demokratischen Kandidaten (Kepplinger, 2011). Durch ihre Analyse stellten Klein & Maccoby fest, dass die Printmedien, ihren redaktionellen Linien folgend, mehr Beiträge über den jeweils präferierten Kandidaten publizierten und diese zudem besser platzierten (Kepplinger, 2011; Wagner, 2007).

News Bias kann durch vier unterschiedliche Konstruktionsmechanismen hergestellt werden (Brettschneider & Wagner, 2008). Hierzu zählen 1) das *Verleihen publizistischer Prominenz*, 2) die *Bewertung von politischen Akteuren*, 3) das Einsetzen sogenannter ‚*opportuner Zeugen*' und 4) die *instrumentelle Aktualisierung* (ebd.). Diese vier Konstruktionsmechanismen von News Bias können sowohl einzeln als auch gemeinsam in der Berichterstattung vorkommen (ebd.). Das *Verleihen publizistischer Prominenz (Präsenz)* und die *Bewertung* von Kandidaten wurden bereits im vorherigen Kapitel thematisiert. Diese beiden Aspekte werden mit den Forschungsfragen 1 bis 3 der Arbeit untersucht (vgl. Kapitel 1.2). Mit den Forschungsfragen 4 und 5 soll die Berichterstattung über die Kandidaten auf die beiden anderen Konstruktionsmechanismen von News Bias (‚*opportune Zeugen*' und *instrumentelle Aktualisierung*) überprüft werden.

Das Ziel ist es somit, zu untersuchen, ob die Berichterstattung der analysierten Tageszeitungen einseitig ist, also die Medien einen der Kanzlerkandidaten bevorzugen bzw. benachteiligen und ob diese Unausgewogenheit ggf. durch die Mechanismen erklärt werden kann. Dabei geht es nicht darum, die Berichterstattung der Printmedien mit der ‚Realität' zu vergleichen und dadurch deren Qualität zu beurteilen. Auch die Motive der Journalisten (z. B. politische Einstellungen oder Parteineigungen) stehen nicht im Mittelpunkt der vorliegenden Untersuchung. Im Folgenden werden die oben genannten Konstruktionsmechanismen erläutert.

3.1 Verleihen publizistischer Prominenz und Bewertung von Kandidaten

Ein erster Mechanismus, News Bias in der Berichterstattung herzustellen, besteht im *Verleihen publizistischer Prominenz* (Wagner, 2007, S. 152). Dies geschieht, indem über einen bevorzugten Kandidaten wesentlich häufiger berichtet wird als über seinen Gegenkandidaten (ebd.). Das bedeutet, dass der präferierte Kandidat mehr Raum in den Medien einnimmt, also häufiger Gegenstand der Berichterstattung ist und häufiger erwähnt wird als die Konkurrenten – er erfährt eine größere Präsenz (vgl. Kapitel 2.4.1). Diese erhöhte

Medienbeachtung in der Wahlkampfberichterstattung „wird als Vorteil gesehen, weil es von einer gewissen Wichtigkeit des Akteurs zeugt, während eine Vernachlässigung ein Nachteil sein kann" (Wagner, 2007, S. 152).

In vielen Untersuchungen der Wahlkampfberichterstattung wird ein sogenannter ‚Kanzlerbonus' (vgl. Kapitel 2.4.1), also ein Präsenzvorsprung des Amtsinhabers in den Massenmedien, gemessen (Koch & Holtz-Bacha, 2008; Wagner, 2007). In der bewussten Umgehung des ‚Kanzlerbonus', der u. a. aus der wichtigen Rolle und öffentlichkeitsrelevanten Arbeit des Regierungschefs resultiert, sieht Wagner (2007) einen zusätzlichen Hinweis auf News Bias in der Berichterstattung (S. 152). Weiterhin kann nicht nur die bloße Präsenz eines Politikers in den Medien für seine publizistische Prominenz ausschlaggebend sein. Auch die Platzierung der Aussagen über einen Kandidaten hat maßgeblichen Einfluss darauf, wie prominent er von den Rezipienten wahrgenommen wird (Wagner, 2007, S. 152). So kann News Bias beispielsweise auch dadurch konstruiert werden, dass Journalisten favorisierte Kandidaten häufiger an prominenten Stellen innerhalb eines Mediums (Überschrift, Vorspann oder Schlagzeile) platzieren und andere Kandidaten an diesen Stellen wiederum nicht nennen (ebd., S. 152). Die bloße Präsenz eines Kandidaten in der Wahlkampfberichterstattung muss aber nicht zwangsläufig von Vorteil sein. Wagner (2007) beschreibt diesen Mechanismus nicht umsonst als „relativ vage Möglichkeit, News Bias zu konstruieren" (S. 152). Vielmehr kommt es darauf an, *wie* über einen Kandidaten berichtet wird, also ob seine häufige Nennung mit positiven oder negativen Bewertungen einhergeht (ebd., S. 153).

Der zweite Konstruktionsmechanismus von News Bias besteht demnach in der *Bewertung von Kandidaten* in der Berichterstattung. Konstruiert werden Unausgewogenheiten hierbei, indem Journalisten einen bevorzugten Kandidaten im Vergleich zu seinen Konkurrenten deutlich positiver darstellen (Wagner, 2007, S. 153). Verstärkt werden kann dieser News-Bias-Effekt zusätzlich, indem Journalisten die Konkurrenten in den Medien deutlich negativ bewerten (ebd., S. 153). Die Bewertungen der Kandidaten können dabei im Kontext unterschiedlicher Themen und anhand verschiedener Eigenschaftsdimensionen erfolgen (vgl. Kapitel 2.4.2 und Kapitel 2.4.3).

3.2 Einsatz ‚opportuner Zeugen'

Die Aussagen, die in der Berichterstattung über Kandidaten getroffen werden, müssen nicht zwangsläufig von Journalisten stammen. Meinungsäußerungen können auch von externen Akteuren (z. B. von Wissenschaftlern) kommen, die in der Berichterstattung direkt zu Wort kommen oder von den Journalisten indirekt zitiert werden (vgl. Kapitel 2.4.3). Welche Akteure sich in der Berichterstattung äußern (dürfen), darüber entscheiden die Journalisten. Indem sie in den Medien gezielt jene Personen zu Wort kommen lassen, deren Positionen der redaktionellen Linie entsprechen, und jene Akteure vernachlässigen, die gegensätzlicher Meinung sind, wird News Bias konstruiert (Wagner, 2007, S. 153). Diese von den Journalisten bewusst ausgewählten externen Akteure treten als sogenannte ‚*opportune Zeugen*' in Erscheinung (Hagen, 1992).

Das Konzept der opportunen Zeugen geht zurück auf eine Studie von Lutz M. Hagen, der News Bias in der Medienberichterstattung über die Volkszählung der BRD im Jahr 1987 untersuchte. Er stellte einen Zusammenhang zwischen den redaktionellen Linien – operationalisiert als Gesamttendenz aller journalistischen Meinungsäußerungen einer Zeitung – und den in den jeweiligen Zeitungen publizierten Aussagen externer Akteure fest (Hagen, 1992, S. 448): „Je stärker die Journalisten in einer Zeitung die Volkszählung befürworteten, desto stärker argumentierten auch die anderen Kommunikatoren dafür und umgekehrt" (ebd.) In den untersuchten Medien wurde demnach News Bias konstruiert, „da die Meinungen medienexterner Akteure nicht ausgewogen, sondern den redaktionellen Linien folgend verzerrt präsentiert wurden" (Bachl & Vögele, 2013, S. 347). Diese Synchronisation kann durch zwei unterschiedliche Konstruktionsprinzipien zustande kommen (Hagen, 1992, S. 449; Bachl & Vögele, 2013, S. 347):

1. Journalisten wählen bevorzugt diejenigen Aussagen aus, deren Tendenz zur redaktionellen Linie passt,

       unabhängig davon, von welchen externen Akteuren die Äußerungen stammen.
2. Journalisten lassen bevorzugt jene Gruppen und Personen zu Wort kommen, deren Positionen grundsätzlich zur redaktionellen Linie passen, unabhängig von der Tendenz einzelner Äußerungen (vgl. Bachl & Vögele, 2013, S. 347).

Hagen (1992) stellt im Rahmen seiner Untersuchung fest, dass in der Berichterstattung über die Volkszählung das zweite Konstruktionsprinzip bedeutsamer war. Die Journalisten ließen demnach, unabhängig vom Inhalt einzelner Aussagen, vor allem jene Akteure zu Wort kommen, deren generelle Grundhaltung zur redaktionellen Linie ihrer Zeitung passten – die „opportunen Zeugen" (ebd., S. 456).

3.3 Instrumentelle Aktualisierung

Der vierte Konstruktionsmechanismus von News Bias basiert auf dem Konzept der *instrumentellen Aktualisierung* (Kepplinger, 1989). Das Prinzip der instrumentellen Aktualisierung beruht auf einer ähnlichen Vorgehensweise wie das Konzept der opportunen Zeugen (Wagner, 2007, S. 154). Während hinsichtlich des Mechanismus' der opportunen Zeugen vor allem die gezielte Auswahl bestimmter Akteure im Mittelpunkt steht, rücken hierbei Themen und Ereignisse in den Fokus. Unter instrumenteller Aktualisierung wird das „bewusste Hoch- oder Herunterspielen" (Berens, 2001, S. 69) von bestimmten Themen, Ereignissen oder Sachverhalten in der Berichterstattung durch Journalisten, passend zu deren eigener Konfliktsicht, verstanden. Instrumentelle Aktualisierung konnte Kepplinger beispielsweise mit quantitativen Inhaltsanalysen der Berichterstattung über Kernenergie in den 1980er Jahren nachweisen: So thematisierten Tageszeitungen, deren Journalisten der Kernenergie positiv gegenüber standen, überwiegend positive Aspekte der Atomenergie, und Zeitungen, deren Journalisten sich gegen die Kernenergie aussprachen, verfuhren genau umgekehrt (Kepplinger, 2011, S. 57).

Im Kontext von Wahlkämpfen kann News Bias durch instrumentelle Aktualisierung einerseits mittels Agenda-Setting (vgl. Kapitel 2.3.1) entstehen, indem Medien bewusst über Themen und Sachverhalte berichten, die ihrem bevorzugten Kandidaten nutzen oder dem Kontrahenten schaden (Wagner, 2007, S. 154). Umgekehrt kann News Bias auch durch Agenda-Cutting entstehen: Journalisten können über Themen, die von Nachteil für den präferierten Kandidaten sind oder seinem Gegner nutzen, bewusst seltener berichten (ebd., S. 154).

In publizistischen Konflikten wie Wahlkämpfen ist es für die Kandidaten und ihre Chance, von den Wählern gewählt zu werden, besonders relevant, welche Themen in der Medienberichterstattung dominieren (Brettschneider, 2005). Je nach Themengebiet schreiben Bürger den Kandidaten unterschiedliche Kompetenzen bzw. Fähigkeiten zu (vgl. Kapitel 2.3.1). Journalisten können die Berichterstattung demnach durch instrumentelle Aktualisierung gezielt positiv für einen bevorzugten Kandidaten gestalten, indem sie über Themen berichten, bezüglich derer Bürger dem Kandidaten Kompetenzen zuschreiben (Wagner, 2007, S. 154). Auch hierbei können andererseits bestimmte Themen oder Sachverhalte in den Medien bewusst vernachlässigt werden, bezüglich derer die Kompetenzen vor allem dem Gegner zugeschrieben werden (ebd., S. 154).

4 Der Forschungsgegenstand im Modell

Der Bundestagswahlkampf 2021 war unter verschiedenen Gesichtspunkten besonders – das wurde im ersten Kapitel ersichtlich. In weiteren Abschnitten wurden das Forschungsvorhaben und die zentrale Leitfrage mitsamt den Forschungsfragen der vorliegenden Arbeit beschrieben. Im zweiten und dritten Kapitel wurden die relevanten Konstrukte und der theoretische Rahmen der Arbeit dargestellt. Hierbei wurde deutlich, welche grundlegende Bedeutung Massenmedien im Wahlkampf haben und welche wichtigen Funktionen sie erfüllen (Brettschneider, 2005; Schulz, 2011). Eine besondere Bedeutung kommt dabei vor allem reichweitenstarken Leitmedien wie überregionalen Tageszeitungen zu, die in ihrer exponierten Rolle prägenden Einfluss auf Themen und Meinungen in der Gesellschaft haben können (Jarren & Vogel, 2011; Wilke, 1999; Künzler, 2013).

Im Wahlkampf sind gleich mehrere Akteure auf die Medienberichterstattung angewiesen: Parteien, ihre Kandidaten und die Wähler (Brettschneider, 2021). Parteien und Kandidaten erreichen die Bevölkerung vor allem auf indirektem Wege über die Massenmedien. Die meisten Wähler erhalten Informationen über die Kandidaten und das Wahlkampfgeschehen nach wie vor über die Massenmedien (Brettschneider, 2020; Schulz, 2011). Wie Massenmedien über Kandidaten im Wahlkampf berichten, prägt das Bild, das die Wähler von den Kandidaten erhalten (Schulz, 2011). Welche zentralen Aspekte die Presseberichterstattung über Kanzlerkandidaten kennzeichnen und welche Konstrukte in bisherigen Analysen der Wahlkampfberichterstattung untersucht wurden, wurde in Kapitel 2.4. dargestellt. Bei der Berichterstattung über Kandidaten kann es durchaus auch zu Unausgewogenheiten bzw. Tendenzen in den Medien kommen – wie das zustande kommen kann, wurde in Kapitel 3 erläutert.

Um die eingangs erläuterte Leitfrage der Arbeit *Wie berichten die deutschen Tageszeitungen Süddeutsche Zeitung (SZ), Die Welt und Bild über die Kanzlerkandidaten Armin Laschet, Olaf Scholz und Annalena Baerbock während des Bundestagswahlkampfs 2021?* zu beantworten, müssen unterschiedliche Teilaspekte der Berichterstattung analysiert werden. Mit den Forschungsfragen 1 bis 5 (vgl. Kapitel 1.2) sollen diese Aspekte untersucht werden.

Abbildung 2: Forschungsgegenstand im Modell

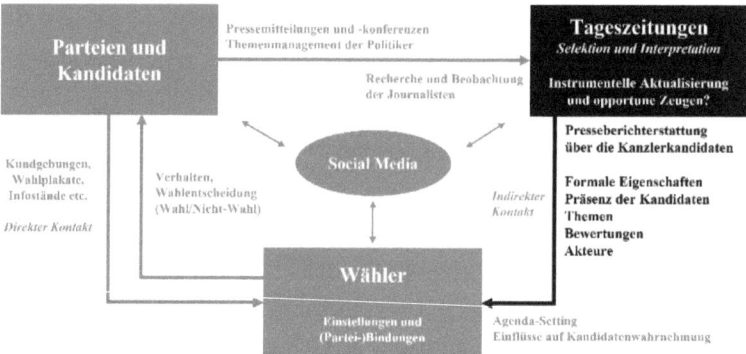

Quelle: Eigene Darstellung (in Anlehnung an Brettschneider, 2021, S. 141).

Die Bedeutung der Massenmedien und ihrer Berichterstattung über die Kandidaten im ‚Wahlkampf-Dreieck' (Brettschneider, 2021) wurde bereits an einigen Stellen der vorliegenden Arbeit deutlich. Abbildung 4 veranschaulicht das Forschungsvorhaben und den Untersuchungsgegenstand deshalb in der Logik des Wahlkampf-Dreiecks. Gegenstand der vorliegenden Untersuchung ist die Presseberichterstattung über die Kanzlerkandidaten (in Abb. 4 farblich hervorgehoben). Dabei sollen die einzelnen Aspekte der Berichterstattung, die mit den Forschungsfragen schrittweise untersucht werden, zur Beantwortung der übergeordneten Leitfrage der Arbeit herangezogen werden. Im folgenden Kapitel wird auf die Methodik der Untersuchung eingegangen.

5 Methodisches Vorgehen: Die quantitative Inhaltsanalyse

Im Folgenden wird das methodische Vorgehen der Untersuchung erläutert. Um die eingangs beschriebenen Forschungsfragen sowie die zentrale Leitfrage der vorliegenden Arbeit zu beantworten, wurde eine quantitative Inhaltsanalyse durchgeführt. Die Wahl dieser Untersuchungsmethode bietet sich hinsichtlich des Forschungsziels der Arbeit an, Erkenntnisse über die konkreten Inhalte der Presseberichterstattung über die Kanzlerkandidaten während des Bundestagswahlkampfs 2021 zu erhalten. „Die Inhaltsanalyse ist eine empirische Methode zur systematischen, intersubjektiv nachvollziehbaren Beschreibung inhaltlicher und formaler Merkmale von Mitteilungen" (Früh, 2017, S. 29).

Die Kombination inhaltlicher und formaler Merkmale ist für die Untersuchung deshalb relevant, weil somit sowohl Rückschlüsse auf die Darstellung der einzelnen Kandidaten gezogen werden können als auch Form, Verlauf und die zeitliche Entwicklung der Presseberichterstattung während des Wahlkampfgeschehens abgebildet werden können. Ein weiterer Vorteil der quantitativen Inhaltsanalyse besteht in ihrer Reduktion von Komplexität (Rössler, 2017, S. 18). Mit der gewählten Methode kann die große Menge an Beiträgen mit kandidatenbezogenen Inhalten auf zentrale Strukturen, Muster und die für die Arbeit relevanten Aspekte der Presseberichterstattung reduziert werden (ebd., S. 18). Durch die quantitative, standardisierte Vorgehensweise lässt sich eine große Anzahl an quantifizierbaren Daten erheben, die statistisch ausgewertet werden können. Im Rahmen der vorliegenden Studie wurden die analysierten Daten mittels einer Primärerhebung im Querschnittsdesign erhoben.

An einigen Stellen dieser Arbeit wurden potenzielle Wirkungen der Wahlkampfberichterstattung (vgl. Kapitel 2.3.3) oder mögliche persönliche Absichten von Journalisten (vgl. Kapitel 3) thematisiert. Mit der Methode der Inhaltsanalyse lassen sich jedoch weder Wirkungen der Berichterstattung noch mögliche Absichten,

Einstellungen oder politische Präferenzen der Journalisten konkret nachweisen (Früh, 2017, S. 47). Das ist für die vorliegende Arbeit jedoch nicht weiter von Nachteil, da diese Aspekte nicht im Mittelpunkt der Untersuchung stehen.

5.1 Untersuchungszeitraum und Auswahl des Untersuchungsmaterials

Der Untersuchungszeitraum der empirischen Inhaltsanalyse erstreckt sich über fünf Monate vom 21. April 2021 bis zum 26. September 2021. Die Festlegung auf diesen Zeitraum begründet sich wie folgt: Während Olaf Scholz bereits im August 2020 als Kanzlerkandidat nominiert wurde, gaben Union und Grüne ihre Kandidaten erst deutlich später bekannt (vgl. Kapitel 1) – Armin Laschet und Annalena Baerbock wurden zeitgleich am 19. April 2021 als Kanzlerkandidaten nominiert. Der Beginn des Untersuchungszeitraums (21. April) wurde deshalb so gewählt, dass alle Kanzlerkandidaten der aussichtsreichsten Parteien mit Beginn der Untersuchung bereits feststanden. Mit Blick auf das Forschungsinteresse der Arbeit wäre ein früherer Startpunkt nicht sinnvoll gewesen, da nur Scholz als Kandidat festgestanden hätte. Der Endpunkt des Untersuchungszeitraums (26. September) markiert den Tag der Bundestagswahl. So sollte der Untersuchungszeitraum nicht darüber hinaus gehen, da für die vorliegende Arbeit die Berichterstattung *während* des Wahlkampfs von Interesse ist. Weiterhin wurden durch den ausgewählten Untersuchungszeitraum wichtige Ereignisse während des Wahlkampfs wie die Hochwasserkatastrophe in Deutschland, Vorwürfe gegen Baerbock oder der Vormarsch der Taliban in Afghanistan abgedeckt. Ebenso fällt die ‚heiße' Wahlkampfphase, ab ca. sechs bis vier Wochen vor dem Wahltag, in den Analysezeitraum.

Das Untersuchungsmaterial der vorliegenden Arbeit setzt sich aus den Tageszeitungen *Süddeutsche Zeitung*, *Die Welt* und *Bild* zusammen. Alle drei Tageszeitungen gehören zu den fünf auflagenstärksten Tageszeitungen in Deutschland. Mit einer Auflage von rund 1,02 Millionen Exemplaren im 4. Quartal 2022 ist die *Bild* mit Abstand die auflagenstärkste Tageszeitung Deutschlands, gefolgt von der *Süddeutschen Zeitung* mit einer Auflage von 298.066 (IVW, 2023). *Die Welt* verzeichnet eine Auflage von 88.780 (ebd.). Mit Blick auf die drei Tageszeitungen lässt sich festhalten, dass alle drei Zeitungen als Leitmedien klassifiziert werden können und damit eine bedeutende Rolle in der Gesellschaft einnehmen (Jarren & Vogel, 2011; Wilke, 1999; Künzler, 2013). Für die vorliegende Arbeit sind sie deshalb besonders geeignet, um ein aussagekräftiges Bild der Medienberichterstattung über die Kanzlerkandidaten zu erhalten. Sowohl *SZ*, *Die Welt* als auch *Bild* erzielen eine hohe Auflage und damit zusammenhängend auch eine hohe Reichweite: 2022 erreichte die *Bild* 7,35 Millionen Leser pro Ausgabe, gefolgt von der *SZ* mit 1,33 Millionen (agma, 2022). *Die Welt* erzielte eine Reichweite von 0,85 Millionen Lesern pro Ausgabe (ebd.). Die drei überregionalen Tageszeitungen genießen außerdem eine hohes Ansehen im Mediensystem – so liegen *Bild* und *SZ* gar unter den zehn meistzitierten internationalen und nationalen Medien Deutschlands (Media Tenor, 2022). Wichtig war darüber hinaus, Tageszeitungen auszuwählen, deren redaktionelle Linien (vgl. Kapitel 2.4.3) sich zumindest teilweise voneinander unterscheiden. So lassen sich auch die analysierten Printmedien *SZ* (gemäßigt links), *Die Welt* (konservativ) und *Bild* (konservativ) in das politische Spektrum zwischen links und rechts einordnen. Aus rein praktischen Gründen war für die Untersuchung außerdem relevant, dass über entsprechende Zeitungsarchive auf die Beiträge zugegriffen werden konnte.

5.2 Auswahlverfahren und Aufgreifkriterium

Auf die ausgewählten Tageszeitungen konnte in entsprechenden Online-Archiven zugegriffen werden. Für die Beschaffung des Untersuchungsmaterials wurden folgende Datenbanken verwendet: Auf Beiträge der *Süddeutschen Zeitung* wurde mithilfe des SZ-Archivs (archiv.szarchiv.de) zugegriffen, Zeitungsartikel der *Welt* wurden über die WISO-Fachdatenbank (wiso-net.de) beschafft. Für die Beiträge der *Bild-Zeitung* diente die Datenbank Nexis (advance.lexis.com) als Zugriffsmöglichkeit. Alle verwendeten Archive bieten die Möglichkeit, Medieninhalte nach bestimmten

Suchbegriffen zu durchsuchen und dabei verschiedene Suchoperatoren einzusetzen. Für die Eingrenzung der Auswahleinheit eröffnete das die Möglichkeit, ein inhaltliches Aufgreifkriterium festzulegen, um die für die Untersuchung und die Beantwortung der Forschungsfragen relevanten Beiträge herauszufiltern. So wurden die jeweiligen Online-Archive der drei Tageszeitungen mit dem Suchbefehl ‚*Laschet* OR *Scholz* OR *Baerbock*' durchsucht. Dieser Suchbefehl mitsamt den Suchoperatoren (OR) bewirkte, dass sämtliche Artikel gefunden wurden, in denen mindestens einer – oder mehrere – der Kanzlerkandidaten Laschet, Scholz und Baerbock erwähnt werden. Somit wurden alle Beiträge im vorab definierten Untersuchungszeitraum 21.04.2021 bis 26.09.2021 erfasst, in denen mindestens einer der Kandidaten Gegenstand der Berichterstattung war.

Nach einer ersten Sichtung der Beiträge wurden zunächst alle Artikel aussortiert, die zwar die verwendeten Suchbegriffe enthielten, sich aber eindeutig auf andere Personen mit dem gleichen Namen wie die der Kanzlerkandidaten bezogen. Weiterhin wurden sowohl alle Leserbriefe als auch Pressestimmen anderer Zeitungen, die beide jeweils keine redaktionellen Eigenleistungen der untersuchten Medien darstellen, von der Analyse ausgeschlossen. Thematisch wurden keine Einschränkungen vorgenommen. Die für die Untersuchung ausgewählten Beiträge mussten beispielsweise keinen eindeutigen Wahlkampfbezug aufweisen. Somit wurde sichergestellt, dass die Berichterstattung über die Kandidaten während des Wahlkampfs auch thematisch umfassend erfasst wurde.

Nachdem die oben genannten Schritte vollzogen wurden, ergab sich eine Gesamtzahl von 2.012 Beiträgen. Es wurde eine Vollerhebung durchgeführt, somit wurden alle Beiträge in die Inhaltsanalyse einbezogen. Die Entscheidung für eine Vollerhebung brachte zwar einen erheblichen Codieraufwand mit sich, bietet jedoch einige Vorteile: Erstens kann die zeitliche Entwicklung der Berichterstattung während des Wahlkampfs somit adäquat abgebildet und ein umfassender Überblick über deren Verlauf und Struktur gegeben werden. Zweitens wird das Risiko – das beispielsweise bei einer Zufallsauswahl der Beiträge besteht – vermieden, einzelne, für die Kandidaten relevante Ereignisse während des Wahlkampfs außen vor zu lassen. Das Medienbild könnte somit verzerrt und Berichterstattungshöhepunkte möglicherweise verpasst werden, mit einer Vollerhebung kann ein aussagekräftiges Bild der Berichterstattung über die Kanzlerkandidaten erzielt werden. Von den insgesamt 2.012 Beiträgen entfallen 898 Beiträge (1.806 wertende Aussagen) auf die *Süddeutsche Zeitung*, 767 (1.908) stammen aus der *Welt* und 347 (658) entfallen auf die *Bild* (vgl. Tabelle 2). Die Datenerhebung erfolgte anhand der beiden Analyseeinheiten *Artikel* und *Aussage*, worauf im nächsten Abschnitt näher eingegangen wird.

Tabelle 2: Anzahl der Artikel und Aussagen pro Medium

Medium	Artikel	Aussagen
Süddeutsche Zeitung	898	1.806
Die Welt	767	1.908
Bild	347	658
Gesamt	**2.012**	**4.327**

Quelle: Eigene Darstellung.

5.3 Das Untersuchungsinstrument: Aufbau des Codebuchs

Um die Presseberichterstattung über die Kanzlerkandidaten zu untersuchen, wurde ein Codebuch[2] entwickelt, welches allgemeine Codieranweisungen, alle zu codierenden Kategorien sowie detaillierte Erklärungen zur Codierung der einzelnen Kategorien enthält. Das Codebuch ist in zwei grundlegende Analyseeinheiten gegliedert. Die erste, übergeordnete Analyseeinheit ist der *Artikel*. Mit den Variablen auf Artikelebene wird demnach zunächst der einzelne Artikel codiert. Unter einem Artikel ist ein redaktioneller Text zu verstehen, der einer journalistischen Darstellungsform zuzuordnen ist, eine Überschrift besitzt und durch sein Layout optisch eindeutig zu anderen Artikeln abzugrenzen ist (Vögele, 2011, S. 2). Alle zu codierenden Artikel werden auf das Vorhandensein

---

[2] Das Codebuch befindet sich im Anhang der vorliegenden Arbeit. Nicht jede Kategorie soll in diesem Kapitel ausführlich beschrieben werden. Alle detaillierten Erläuterungen und Codieranweisungen zu den einzelnen Kategorien sind im Codebuch zu finden.

wertender Aussagen über Armin Laschet, Olaf Scholz und Annalena Baerbock überprüft. Die einzelne wertende *Aussage* stellt die zweite Analyseeinheit dar. Die Codierung eines Artikels wird auf der Artikelebene begonnen und nur dann auf der Aussagenebene fortgeführt, wenn der Artikel mindestens eine wertende Aussage über Laschet, Scholz oder Baerbock enthält. Eine wertende Aussage besteht dabei stets aus den vier Komponenten *Aussageobjekt, Thematischer Kontext, Tendenz* und einem *Urheber* (Vögele, 2011, S. 2). Um einzelne wertende Aussagen identifizieren und voneinander abgrenzen zu können, gilt: Kommt es zu einem Wechsel bei einem der vier Bestandteile, liegt eine neue zu codierende Aussage vor (vgl. Rössler, 2017, S. 169). Selbstverständlich können in einem Artikel mehrere wertende Aussagen vorkommen. Neutrale Aussagen, also Äußerungen, die keine eindeutige Bewertung enthalten, werden nicht codiert.

Ein Hilfskonstrukt für den Codierer stellt die Kontexteinheit dar. Sie dient dazu, Inhalte der Artikel und Aussagen im Zweifelsfall korrekt einordnen und interpretieren zu können (Rössler, 2017, S. 45). Die Kontexteinheit für Codierungen auf Artikel- und Aussagenebene ist der gesamte Inhalt des jeweiligen Artikels, der in unklaren Fällen zum besseren Verständnis des jeweiligen Inhalts herangezogen wird. Informationen, die jedoch weder zum Allgemeinwissen gehören noch in den entsprechenden Beiträgen enthalten sind, dürfen vom Codierer nicht zur Interpretation der einzelnen Medieninhalte herangezogen werden (Vögele, 2011, S. 3).

Das Kategoriensystem des Codebuchs ist in verschiedene Kategorien auf Artikelebene und Kategorien auf Aussagenebene gegliedert. Dabei lässt sich jeweils zwischen formalen und inhaltlichen Kategorien unterscheiden. Die Anordnung der Kategorien wurde dabei so gewählt, dass die Codierreihenfolge der Logik vom ‚Allgemeinen zum Spezifischen' bzw. vom Formalen zum Inhaltlichen folgt (Rössler, 2017, S. 101). In den folgenden Kapiteln werden die einzelnen formalen und inhaltlichen Kategorien erläutert. Tabelle 3 liefert einen systematischen Überblick über alle im Codebuch verwendeten Kategorien.

Tabelle 3: Kategorien des Codebuchs

Formale Kategorien auf Artikelebene	Inhaltliche Kategorien auf Artikelebene	Formale Kategorien auf Aussagenebene	Inhaltliche Kategorien auf Aussagenebene
A_1: Medium	B_1: Hauptthema des Artikels	C_1: Artikel-ID	D_1: Aussageobjekt
A_2: Erscheinungsdatum des Artikels	B_2.1: Gesamttenor des Artikels gegenüber Armin Laschet	C_2: Laufende Nummer der Aussage	D_2: Tendenz der wertenden Aussage über Armin Laschet, Olaf Scholz oder Annalena Baerbock
A_3: Seite	B_2.2: Gesamttenor des Artikels gegenüber Olaf Scholz	C_3: Aussagen-ID	D_3: Bewertungsdimensionen Laschets, Scholz' oder Baerbocks
A_4: Laufende Nummer des Artikels auf Seite	B_2.3: Gesamttenor des Artikels gegenüber Annalena Baerbock		D_4: Thematischer Kontext
A_5: Artikel-ID	B_3: Zugriffskriterium Aussagencodierung		D_5: Urheber der Aussage
A_6: Ressort			D_6.1: Verwendung von Umfragedaten
A_7: Journalistische Darstellungsform des Artikels			D_6.2: Art der verwendeten Umfrage
A_8: Autor			

Quelle: Eigene Darstellung.

5.4 Formale Kategorien

Im Folgenden werden die formalen Kategorien des Codebuchs betrachtet, die sowohl auf Artikelebene als auch auf Aussagenebene erhoben werden (vgl. Tabelle 3). Rössler (2017) beschreibt formale Kategorien als „physisch manifeste Sachverhalte" (S. 111). Formale Kategorien erfüllen vor allem „wichtige instrumentelle Funktionen für andere Auswertungen" (ebd., S. 112). Sie dienen dabei insbesondere der Differenzierung, Identifizierung und der Gewichtung unterschiedlicher Aspekte und Kategorien im Rahmen der Auswertung (ebd., S. 112). Auf der Artikelebene gehört zu den formalen Kategorien zunächst das *Medium* (A_1). Diese Kategorie erfasst, in welcher Tageszeitung der jeweilige Beitrag erschienen ist. Das ist im Rahmen der Analyse insbesondere für die weitere Differenzierung relevant und eröffnet beispielsweise die Möglichkeit, die redaktionelle Linien der untersuchten Medien zu erfassen. In der nächsten formalen Kategorie wird das *Erscheinungsdatum des Artikels* (A_2) erhoben. Auch das Datum ist eine wichtige formale Kategorie: So können etwa der zeitliche Verlauf der Wahlkampfberichterstattung und Berichterstattungshöhepunkte ermittelt werden. Die anschließend folgenden formalen Kategorien *Seite* (A_3), *laufende Nummer des Artikels auf Seite* (A_4) und *Artikel-ID* (A_5) dienen vor allem der korrekten Identifizierung einzelner Beiträge und sollen Verwechslungen bei der Auswertung sowie im Prozess der Codierung vermeiden. Sie erfassen, auf welcher Seite ein Artikel erschienen ist, in welcher Reihenfolge er codiert wurde und vergeben daraufhin einen individuellen Artikel-Code.

Weiterhin wird auf Artikelebene das journalistische *Ressort* (A_6) codiert, in dem der Artikel erschienen ist. Relevant ist die Kategorie insbesondere für die erste Forschungsfrage und damit für Erkenntnisse über die formalen Eigenschaften der Berichterstattung über die Kanzlerkandidaten (vgl. Kapitel 2.4.1). Gleiches gilt für die formale Kategorie *journalistische Darstellungsform des Artikels* (A_7). Hierbei wurde sich an den Darstellungsformen nach Mast (2012) und einem Codebuch des Analyseinstituts Media Tenor (2007) orientiert. Abschließend wird für formale Kategorien auf Beitragsebene erhoben, wer der *Autor* (A_8) des jeweiligen Artikels ist, also ob der Artikel von einem Journalist oder einem Gastautor stammt. Kommt eine Aussage in einem Artikel vor, werden auch auf Aussagenebene zunächst formale Kategorien erhoben (vgl. Tabelle 3). Die Anzahl formaler Kategorien ist auf Aussagenebene jedoch wesentlich geringer, sie erfüllen hier lediglich die Funktion der korrekten Zuordnung und Identifikation. Einzelnen Aussagen wird zunächst die *Artikel-ID* (C_1) des dazugehörigen Artikels zugeordnet. Anschließend werden, analog zur Artikelebene, die *laufende Nummer der Aussage* (C_2) und eine *Aussagen-ID* (C_3) codiert.

5.5 Inhaltliche Kategorien

Die inhaltlichen Kategorien werden ebenfalls sowohl auf Artikel- als auch auf Aussagenebene erhoben (vgl. Tabelle 3). Sie erfassen „die inhaltliche Dimension von Medienberichten" (Rössler, 2017, S. 127). Laut Rössler (2017) sind inhaltliche Kategorien „die vom Erkenntnisinteresse abhängigen Bedeutungsdimensionen, deren Klassifikation der Inferenz des Codierers bedarf" (S. 128). Für die Beantwortung der unter Kapitel 1.2 formulierten Forschungsfragen spielen sie also eine noch bedeutendere Rolle als die formalen Kategorien.

Als erste inhaltliche Kategorie wird auf Artikelebene zunächst das *Hauptthema des Artikels* (B_1) codiert. Darunter ist jenes Thema zu verstehen, um das es im jeweiligen Beitrag hauptsächlich geht. Das wird meistens schon in der Überschrift oder spätestens im ersten Absatz des Beitrags deutlich. Kommen nach diesen ersten Einschätzungen dennoch mehrere Themen in Frage, wird das Thema, das den größten Umfang im Artikel einnimmt, als Hauptthema codiert (vgl. Vögele, 2011, S. 7). Das Hauptthema wird anhand einer vom Codierer entwickelten ‚Themenliste' erfasst, die im Codebuch unter Kategorie D_4 zu finden ist. Inhaltlich wurde die Themenliste vom Codierer induktiv nach Sichtung des Untersuchungsmaterials erstellt. Die Struktur der Liste orientiert sich an einem Codebuch von Vögele (2011). Für die Untersuchung der Presseberichterstattung über die Kanzlerkandidaten wurde die Themenliste in allgemeine, übergeordnete Ausprägungen und detaillierte, untergeordnete Ausprägungen gegliedert. Das Ziel ist es, so detailliert wie möglich zu codieren, also wenn möglich eine Unterkategorie zu verschlüsseln. Um die thematische Struktur der Themenliste zu beschreiben, lässt sie sich anhand der übergeordneten Ausprägungen grob in drei Abschnitte einteilen: Der erste Teil der Ausprägungen widmet sich Themen, die den jeweiligen Kanzlerkandidaten an sich betreffen. Es folgen Ausprägungen, die sich an wesentlichen Ereignissen während des Wahlkampfs orientieren (z. B. ‚Hochwasserkatastrophe' oder ‚Plagiatsvorwürfe'). Anschließend folgen Ausprägungen, die sich auf zentrale Politikfelder wie ‚Außenpolitik' oder ‚Finanzpolitik' beziehen.

Nachdem das Hauptthema erfasst wurde, folgt die Codierung des *Gesamttenors des Artikels gegenüber Armin Laschet, Olaf Scholz und Annalena Baerbock* (B_2.1, B_2.2 und B_2.3). Mit diesen inhaltlichen Kategorien wird die Gesamttendenz der Bewertung des jeweiligen Kandidaten erhoben. Grundlage hierfür sind die im Artikel vorkommenden Aussagen über die Kandidaten. Der Umfang, den die einzelnen Aussagen dabei einnehmen, kann aber auch vom Gesamttenor des Artikels abweichen. Ausschlaggebend ist in dieser Kategorie der Gesamteindruck des jeweiligen Kandidaten, der beim Lesen des Artikels entsteht. Beim Gesamttenor wird zwischen den Ausprägungen ‚sehr positiv', ‚positiv', ‚neutral/ambivalent', ‚negativ' und ‚sehr negativ' unterschieden. Enthält ein Artikel keine wertenden Aussagen über einen Kandidaten, wird in der entsprechenden Kategorie ‚neutral/ambivalent' codiert. Auf inhaltlicher Artikelebene wird mit dem *Zugriffskriterium Aussagencodierung* (B_3) abschließend geprüft, ob ein Artikel mindestens eine wertende Aussage über Laschet, Scholz oder Baerbock enthält. Ist das der Fall, wird mit der Codierung auf Aussagenebene fortgefahren. Enthält der Artikel keine wertende Aussage, wird der nächste Beitrag codiert.

Auf Aussagenebene werden die einzelnen Bestandteile wertender Aussagen über die Kandidaten Laschet, Scholz und Baerbock erfasst. Relevant ist die Analyse der Kategorien auf Aussagenebene vor allem für die Beantwortung der Forschungsfragen 3 bis 5. Durch die Untersuchung der einzelnen Aussagen kann ein detailliertes Bild der Presseberichterstattung über die Kandidaten erzielt werden. Somit kann bei der Analyse mehr in die Tiefe gegangen werden, als dies mit einer reinen Analyse auf Beitragsebene möglich wäre. Die Erhebung wertender Aussagen liefert einen detaillierten Eindruck darüber, wo die Medien Stärken und Schwächen der Kanzlerkandidaten sehen. Vor allem im Rahmen der Interpretation und Diskussion der Ergebnisse muss aber selbstverständlich beachtet werden, dass ausschließlich wertende Aussagen und keine neutralen Äußerungen über die Kandidaten erfasst werden und dadurch ein Teil der kandidatenbezogenen Inhalte verloren geht. Das hat in erster Linie praktische Gründe: Die Hinzunahme neutraler Aussagen würden einen erheblichen Mehraufwand für den Codierer bedeuten.

Kann eine wertende Aussage über einen der Kandidaten festgestellt werden, wird mit der Variable *Aussageobjekt* (D_1) zunächst erfasst, auf welchen der drei Kandidaten sich die Aussage bezieht. Im zweiten Schritt wird die *Tendenz* (D_2) der wertenden Aussage erfasst. Unter der Tendenz wird eine eindeutig wertende Beschreibung eines Kandidaten (Laschet, Scholz oder Baerbock) verstanden (vgl. Media Tenor, 2007, S. 3). Bei der empirische Inhaltsanalyse dienen wertende Kategorien „der Erfassung propositionaler Codiereinheiten […], die sachliche oder wertende Feststellungen über Personen, Tatsachen oder Vorgänge treffen (Argumente, Meinungen, Kommentare)" (Rössler, 2017, S. 154). Rössler (2017) bezeichnet die Erhebung wertender Aussagen als „Königsdisziplin" der Inhaltsanalyse, da es hierbei besonders auf das individuelle Urteilsvermögen des Codierers ankommt und Kategorien sowie einzelne Ausprägungen genau definiert werden müssen (S. 154 f.). Bei der Erfassung der Tendenz der Aussagen wird zwischen den beiden Ausprägungen ‚Positiv' und ‚Negativ' unterschieden. Eine weitere Differenzierung der Ausprägungen, wie sie beim *Gesamttenor des Artikels* (vgl. Kapitel 5.5) vollzogen wird, wird bei der Tendenz einzelner Aussagen nicht vorgenommen. Eine korrekte Verschlüsselung und Einordnung wären dann zu kompliziert und nicht trennscharf genug. Einen großen Mehrwert für die Analyse würde eine weitere Differenzierung der Ausprägungen außerdem nicht liefern. Um zwischen den Ausprägungen der Tendenz zu unterscheiden, orientiert sich der Codierer an wertenden Begriffen, Schlüsselworten bzw. der Tonalität der Aussagen. Bewertungen der Kandidaten können im Text sowohl explizit als auch implizit erfolgen. Detaillierte Erläuterungen zur Variable *Tendenz* sind dem Codebuch im Anhang der Arbeit zu entnehmen.

Mit der Kategorie *Bewertungsdimensionen* (D_3) wird analysiert, welche Eigenschaften, Merkmale bzw. Aspekte eines Kandidaten bewertet werden. Die im Codebuch verwendeten Bewertungsdimensionen orientieren sich dabei an den Beurteilungskriterien für Spitzenpolitiker nach Brettschneider (2002, S. 211). In Kapitel 2.4.3 werden die Bewertungsdimensionen ausführlich vorgestellt. Die vier gängigen Dimensionen *Politische Themen- & Sachkompetenz*, *Führungs- & Leadership-Qualitäten*, *Integrität* und *Persönliches* werden für die vorliegende Arbeit um die Ausprägung *Umfragen/Wahlaussichten* ergänzt. Hierunter fallen speziell jene Bewertungen in den Tageszeitungen, die im Hinblick auf Wahlchancen bzw. Umfrageergebnisse der Kandidaten vorgenommen werden. Da die Berichterstattung während des Wahlkampfs untersucht wird und damit auch Umfragen und Wahlaussichten der Kandidaten Gegenstand der Berichterstattung sind, bietet sich diese zusätzliche Differenzierung an.

Die Kategorie *Thematischer Kontext* (D_4) erfasst den thematischen Kontext, in dem wertende Aussagen über die Kandidaten getroffen werden. Die Erhebung dieser Variable ist besonders deshalb relevant, weil sie Aufschluss darüber liefert, mit welchen Themen Laschet, Scholz und Baerbock in Verbindung gebracht werden und in welchen (politischen) Themenfeldern ihre Stärken und Schwächen gesehen werden. Erhoben wird der thematische Kontext anhand der Themenliste, die auch für Kategorie B_1 verwendet wird und bereits beschrieben wurde. Als vierte Komponente der wertenden Aussage wird ihr *Urheber* (D_5) codiert, also jener Akteur, der sich über einen Kandidaten in den Medien äußert. Analog zur ‚Themenliste' (Kategorien B_1 und D_4) wird bei dieser Kategorie eine sogenannte ‚Urheberliste' eingesetzt, die der Erfassung der Urheber der Aussagen dient. Die Logik der Urheberliste entspricht jener, die auch für die Themenliste gilt. So ist die Liste der Urheber ebenfalls in allgemeine, übergeordnete Ausprägungen und detaillierte, untergeordnete Ausprägungen gegliedert. Es soll immer so detailliert wie möglich codiert werden. Die übergeordneten

Ausprägungen entsprechen dabei allgemeinen Akteursgruppen (z. B. ‚Politiker' oder ‚Prominente'), die untergeordneten Kategorien spezifischen Akteuren bzw. Akteursgruppen (z. B. ‚CDU-Politiker' oder ‚Schauspieler'). Die Urheberliste orientiert sich an empirischen Inhaltsanalysen von Stumvoll (2019) und Vögele (2011). Erkenntnisse über die Urheber der Aussagen sind insbesondere für Forschungsfrage 3 und die Identifizierung möglicher opportuner Zeugen (Forschungsfrage 5) von Bedeutung. Abschließend wird auf Aussagenebene erfasst, ob für die wertende Aussage *Umfragedaten* (D_6.1) verwendet werden und welcher *Art* (D_6.2) die verwendeten Umfragen ggf. sind.

5.6 Pretest & inhaltsanalytische Gütekriterien

Vor dem Beginn der eigentlichen Codierung des Untersuchungsmaterials und der Erhebung der Daten wurde ein Pretest durchgeführt. Der Pretest dient einer ersten Anwendung des Untersuchungsinstruments auf eine bestimmte Menge von Artikeln der zu untersuchenden Tageszeitungen (Rössler, 2017, S. 177). Mit dem Pretest wird also analysiert, an welchen Stellen das Codebuch noch angepasst werden muss oder welche Schritte im Codierablauf optimiert werden können. Der Pretest wurde mit zehn Prozent des gesamten Untersuchungsmaterials (N = 2.012) durchgeführt, demnach wurden 200 Artikel untersucht. Dabei wurde darauf geachtet, dass die Anzahl der Artikel der einzelnen Tageszeitungen im Pretest proportional auch den Anteilen der einzelnen Medien am gesamten Untersuchungsmaterial entspricht. Alle Änderungen, die sich durch den Pretest ergaben und die am Codebuch vorgenommen wurden, bezogen sich ausschließlich auf inhaltliche Kategorien. So wurden vor allem Anpassungen an der ‚Themenliste' (Kategorien *Hauptthema des Artikels* B_1 & *Thematischer Kontext* D_4) sowie der ‚Urheberliste' (Kategorie *Urheber der Aussage* D_5) vorgenommen.

    Bei den Themen-Kategorien (B_1 und D_4) wurde die Ausprägung ‚Umfragen/Umfrageergebnisse' ergänzt. Grund hierfür war, dass im Rahmen des Pretests festgestellt wurde, dass viele Artikel Umfragen bzw. Umfrageergebnisse zum Hauptthema machten, die sich nicht speziell auf einen der Kandidaten beziehen. Weiterhin wurde die Ausprägung ‚TV-Duell' in ‚TV-Triell/TV-Duell speziell' umbenannt. Dies geschah zum einen, weil durch die neuartige Kandidatenkonstellation erstmals ein TV-Triell stattfand und zum anderen, um diese Ausprägung damit zu anderen Medienauftritten der Kandidaten abzugrenzen: Daraufhin wurde die Ausprägung ‚Laschets Beziehung zu Medien/Umgang mit Medien' (analog dazu die entsprechenden Ausprägungen Baerbocks und Scholz') in ‚Laschets Auftreten in Medien/Umgang mit Medien' umbenannt. Darüber hinaus wurde die Ausprägung ‚Verhalten/Auftreten Laschets allgemein' – analog dazu auch wieder die Ausprägungen bezüglich der anderen Kandidaten – erweitert und in ‚Verhalten/Auftreten/Art Laschets allgemein' geändert. Dies liegt daran, dass im Zuge des Pretests oftmals die persönliche Art der Kandidaten in den Beiträgen thematisiert wurde.

Bei der Kategorie *Urheber der Aussage* (D_5) wurden die Kanzlerkandidaten selbst als Akteure ergänzt. Grund dafür war, dass auch die Kandidaten selbst sich in der Berichterstattung teilweise gegenseitig bewerten und somit als Urheber wertender Aussagen in Erscheinung treten. Weiterhin wurde die Ausprägung ‚Normalbürger' in die Urhebergruppe ‚Wähler' umbenannt, da während des Pretests festgestellt wurde, dass sich diese Bezeichnung im Kontext des Wahlkampfs an dieser Stelle besser eignet.

Zu guter Letzt wurde innerhalb der Kategorie *Bewertungsdimensionen* (D_3) die Dimension *Politische Themen- & Sachkompetenz* in der Erläuterung im Codebuch präzisiert, indem in der Beschreibung der Zusatz ‚Kompetenz für politisches Amt' ergänzt wurde. Dies geschah deshalb, weil häufig Bewertungen getroffen wurden, welche die grundsätzliche Befähigung der Kandidaten zum Amt des Kanzlers beurteilten und sich nicht auf spezielle Leader-Fähigkeiten wie beispielsweise Führungsstärke bezogen, die der zweiten Bewertungsdimension zuzuordnen wären.

Im Folgenden sollen wichtige Gütekriterien der empirischen Inhaltsanalyse betrachtet werden. Sie dienen der Einschätzung der Qualität des Codebuchs und der inhaltsanalytischen Messung. Die wichtigsten Gütekriterien einer Inhaltsanalyse sind *Reliabilität* und *Validität*. Unter der Validität einer Inhaltsanalyse ist deren

Gültigkeit zu verstehen. Sie gibt an, ob ein Untersuchungsinstrument – also das Codebuch – „tatsächlich das misst, was es messen soll" (Rössler, 2017, S. 205). Dabei lassen sich vier Arten der Validität unterscheiden: *Analysevalidität*, *Inhaltsvalidität*, *Kriteriumsvalidität* und *Inferenzvalidität* (ebd., S. 217). Bei der Analysevalidität geht es um die Frage, ob die Untersuchungslogik des Forschers mit jener des Codierers übereinstimmt. Dies ist in der vorliegenden Arbeit gegeben, da der Forscher hier gleichzeitig auch der Codierer ist. Weiterhin bezieht sich die sogenannte Inhaltsvalidität auf die Vollständigkeit der zu messenden Konstrukte. Es geht darum, ob die durchgeführte Messung alle Konstrukte vollständig abbildet (ebd., S. 218). Indem sich bei der Erstellung des Kategoriensystems an ähnlichen, bereits durchgeführten Inhaltsanalysen orientiert und das Codebuch durch den Pretest vervollständigt und optimiert wurde, wird versucht, auch dieser Art der Validität gerecht zu werden.

Eine weitere Form der Gültigkeit einer Messung besteht in der Kriteriumsvalidität. Sie überprüft, ob Außenkriterien wie Untersuchungsanlagen, Theorien oder Ergebnisse anderer Studien zum Vergleich herangezogen werden, um die Erkenntnisse einer Inhaltsanalyse zu bewerten (ebd., S. 219). Für den theoretischen und methodischen Aufbau der vorliegenden Analyse wurden deshalb vergleichbare Studien zu ähnlichen Thematiken (siehe insb. Kapitel 2.4 & 3) hinzugezogen. Letztlich prüft die Inferenzvalidität, inwiefern die Erkenntnisse, Schlussfolgerungen und Interpretationen einer Inhaltsanalyse mit externen Studien samt anderer methodischer Vorgehensweisen verglichen oder gar bestätigt werden können (Rössler, 2017, S. 2020). Um die Darstellung der Kandidaten in der Pressberichterstattung mit anderen Perspektiven zu vergleichen, bieten sich beispielsweise Wahlumfragen an, die das Meinungsbild und die Wahrnehmung der Kandidaten in der Wählerschaft messen. Im Fazit (vgl. Kapitel 7) sollen entsprechende Vergleiche aufgegriffen werden.

Abschließend wird in diesem Kapitel die *Reliabilität* des Codebuchs betrachtet. Unter der Reliabilität eines Messinstruments wird die Zuverlässigkeit seiner Messung verstanden (Rössler, 2017, S. 205). Zuverlässigkeit bedeutet in diesem Fall, dass „bei wiederholter Messung […] das gleiche Ergebnis erzielt werden [sollte]" (ebd., S. 205). Um die Reliabilität des Messinstruments der vorliegenden Studie zu messen, wurde ein Intracoder-Reliabilitätstest nach Holsti für alle im Codebuch verwendeten Kategorien durchgeführt (ebd., S. 212).

Tabelle 4: Reliabilitätstest auf Artikelebene

Formale Kategorien auf Artikelebene	Holsti-Reliabilitätskoeffizient
A_1: Medium	1
A_2: Erscheinungsdatum des Artikels	1
A_3: Seite	1
A_4: Laufende Nummer des Artikels auf Seite	1
A_5: Artikel-ID	1
A_6: Ressort	.93
A_7: Journalistische Darstellungsform des Artikels	.80
A_8: Autor	1
Inhaltliche Kategorien auf Artikelebene	**Holsti-Reliabilitätskoeffizient**
B_1: Hauptthema des Artikels	.87
B_2.1: Gesamttenor gegenüber Armin Laschet	.93
B_2.1: Gesamttenor gegenüber Olaf Scholz	1
B_2.1: Gesamttenor gegenüber Annalena Baerbock	1
B_3: Zugriffskriterium Aussagencodierung	n. v. *(nicht zuzuordnen)*

Quelle: Eigene Darstellung.

Der Reliabilitätstest wurde zunächst für formale und inhaltliche Kategorien auf Artikelebene durchgeführt (vgl. Tabelle 4). Für formale Kategorien sind Werte nahe an 1 wünschenswert. Nahezu alle formalen Kategorien auf Artikelebene erfüllen diese Anforderung, lediglich die Variable A_7 (*Journalistische Darstellungsform des*

Artikels) liegt mit r_H = .80 niedriger. Das ist darauf zurückzuführen, dass vor allem in der *Bild-Zeitung* die Grenzen zwischen den journalistischen Darstellungsformen häufig verschwimmen. Für inhaltliche Kategorien gilt, dass Werte ab .80 erforderlich sind (Rössler, 2017, S. 215). Alle inhaltliche Kategorien auf Artikelebene erfüllen diesen Anspruch (vgl. Tabelle 4).

Tabelle 5: Reliabilitätstest auf Aussagenebene

Formale Kategorien auf Aussagenebene	Holsti-Reliabilitätskoeffizient
C_1: Artikel-ID	n. v. *(nicht zuzuordnen)*
C_2: Laufende Nummer der Aussage	n. v. *(nicht zuzuordnen)*
C_3: Aussagen-ID	n. v. *(nicht zuzuordnen)*
Inhaltliche Kategorien auf Aussagenebene	**Holsti-Reliabilitätskoeffizient**
D_1: Aussageobjekt	1
D_2: Tendenz der wertenden Aussage	1
D_3: Bewertungsdimensionen	0.83
D_4: Thematischer Kontext	0.80
D_5: Urheber der Aussage	0.94
D_6.1: Verwendung von Umfragedaten	1
D_6.2: Art der verwendeten Umfrage	1

Quelle: Eigene Darstellung.

Bevor der Reliabilitätstest für die Kategorien auf Aussagenebene durchgeführt wurde, wurde die Identifikationsreliabilität wertender Aussagen berechnet. Diese beträgt 74 Prozent (übereinstimmend identifizierte Aussagen in 15 Artikeln). Anschließend wurde für alle übereinstimmend identifizierten Aussagen ebenfalls Reliabilitätstests für inhaltliche Kategorien durchgeführt (vgl. Tabelle 5). Reliabilitätswerte formaler Kategorien auf Aussagenebene (*Artikel-ID; Laufende Nummer der Aussage; Aussagen-ID*) wurden nicht berechnet, da es sich hierbei ausschließlich um Kategorien handelt, die der Identifikation einzelner Aussagen in der Haupterhebung dienen und bei Durchführung der Reliabilitätstests nicht eindeutig zuzuordnen sind. Die Reliabilitätswerte inhaltlicher Kategorien auf Aussagenebene sind insgesamt sehr zufriedenstellend (vgl. Tabelle 5). So konnten für alle Variablen Werte ab r_H = .80 gemessen werden, einige Kategorien liegen bei r_H = 1. Aufgrund der Vielfalt der Themen und der oftmals recht komplexen Einordnung einer Aussage in den thematischen Kontext liegt der Koeffizient der Variable D_4 (*Thematischer Kontext*) mit r_H = .80 etwas niedriger als die Werte der anderen Kategorien. Für eine inhaltliche Kategorie ist dieser Wert jedoch ausreichend.

6 Ergebnisse der Inhaltsanalyse

Im folgenden Kapitel werden die Ergebnisse der Inhaltsanalyse vorgestellt. Die Darstellung erfolgt entsprechend der Reihenfolge der unter Kapitel 1.2 formulierten Forschungsfragen. Das bedeutet, dass zunächst die formalen Eigenschaften der Presseberichterstattung während des Bundestagswahlkampfs und die Präsenz der Kanzlerkandidaten betrachtet werden. Anschließend werden Themen, Akteure und die Bewertungen der Kandidaten in den Medien dargestellt. Abschließend erfolgt die Untersuchung der Tageszeitungen im Hinblick auf eine mögliche instrumentelle Aktualisierung von Themen sowie den potenziellen Einsatz opportuner Zeugen in der Berichterstattung.

6.1 Formale Eigenschaften der Presseberichterstattung und Präsenz der Kandidaten

Die erste Forschungsfrage bezieht sich auf die formalen Eigenschaften der Presseberichterstattung über Laschet, Scholz und Baerbock und fragt nach der Präsenz der Kandidaten in den Medien.

Umfang und Verlauf der Berichterstattung

Grundlegend ist zunächst der Umfang der Berichterstattung über die Kanzlerkandidaten, als Hinweis darauf, welche Bedeutung den Kandidaten in den Medien zugemessen wird. Die mediale Aufmerksamkeit für Laschet, Scholz und Baerbock ist während des Bundestagswahlkampfs hoch. Im Untersuchungszeitraum (21.04.2021 bis 26.09.2021) erscheinen in den analysierten Tageszeitungen insgesamt 2.012 Beiträge über die Kanzlerkandidaten. Davon entfallen die meisten Beiträge (898) auf die *Süddeutsche Zeitung*, 767 Artikel stammen aus der *Welt* und 347 Beiträge erscheinen in der *Bild*. Insgesamt enthalten die untersuchten Beiträge 4.372 wertende Aussagen über Laschet, Scholz und Baerbock. Die meisten Aussagen (1.908) kommen in den Artikeln der *Welt* vor, gefolgt von der *SZ* mit 1.806 Bewertungen und der *Bild* mit 658 wertenden Aussagen. Abbildung 4 veranschaulicht die Entwicklung des Berichterstattungsumfangs im zeitlichen Verlauf des Bundestagswahlkampfs. Dabei zeigt sich, dass sich die Entwicklung der Anzahl wertender Aussagen zumindest teilweise auch synchron zum Umfang der Beiträge über die Kandidaten im Zeitverlauf verhält. Außerdem kann festgestellt werden, dass die Berichterstattung über die Kanzlerkandidaten keineswegs stetig verläuft. Vielmehr lassen sich ein schwankender Umfang und einzelne im Verlauf des Wahlkampfs auftretende Berichterstattungshöhepunkte erkennen. Ein leichter Trend ist lediglich gegen Ende, in der ‚heißen Phase' des Bundestagswahlkampfs, festzustellen: Mit dem näher rückenden Wahltermin nehmen sowohl die Anzahl der Beiträge als auch die Menge an wertenden Aussagen über die Kandidaten zu.

In der Woche vom 13. bis 19. September (22. Analysewoche), nach dem TV-Triell in ARD/ZDF und eine Woche vor der Bundestagswahl, ist sowohl der Umfang der Beiträge (n = 154) als auch der Aussagen über die Kandidaten (n = 395) am größten (vgl. Abbildung 4). Ein erster Berichterstattungshöhepunkt im Verlauf des Wahlkampfs kann gleich in der ersten Analysewoche (21.04.2021 bis 25.04.2021) festgestellt werden. Kurz nach der Nominierung Armin Laschets zum Kanzlerkandidaten der Union ist die Intensität der Beiträge (n = 87) und insbesondere der Bewertungen in der Berichterstattung (n = 219) merklich höher als zu anderen Zeitpunkten des Bundestagswahlkampfs. Das allgemeine Interesse für die Entscheidung der Union im April, Armin Laschet und nicht Markus Söder zum Spitzenkandidaten zu nominieren, spiegelt sich in dieser Phase augenscheinlich auch in der Presse wider.

Abbildung 3: Berichterstattungsumfang im Zeitverlauf des Bundestagswahlkampfs 2021

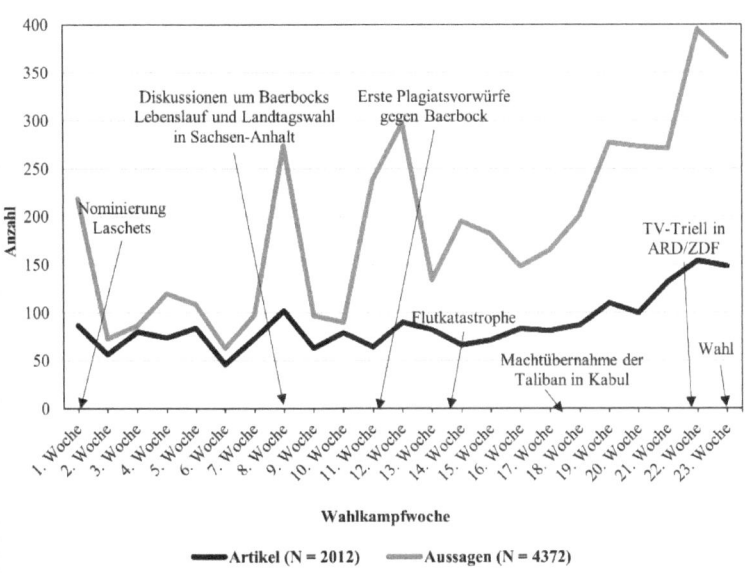

Quelle: Eigene Darstellung. Umfang der Artikel und der wertenden Aussagen über Laschet, Scholz und Baerbock in *SZ*, *Welt* und *Bild* im Zeitverlauf (Untersuchungszeitraum 21.04.2021 – 26.09.2021). Auswertung wochenweise.

In den Wochen danach flacht der Berichterstattungsumfang dann vorerst ab. Mit dem Aufkommen der Diskussionen über den Lebenslauf von Annalena Baerbock und der Landtagswahl in Sachsen-Anhalt nimmt der Berichterstattungsumfang Anfang Juni dann wieder erheblich zu. Die achte Analysewoche (07.06.2021 bis 13.06.2021) markiert deshalb den nächsten Berichterstattungshöhepunkt. Die ersten Diskussionen über die grüne Spitzenkandidatin sowie die Wahl in Sachsen-Anhalt, die vielen Experten als letztes großes ‚Stimmungsbarometer' vor der Bundestagswahl galt, sorgen vermutlich auch für die hohe Anzahl der Beiträge (n = 102) und Bewertungen (n = 274) in dieser Phase. Auch im Hinblick auf den nächsten Berichterstattungshöhepunkt spielt Baerbock keine unwesentliche Rolle – zumindest lässt sich ein zeitlicher Zusammenhang zwischen den ersten Plagiatsvorwürfen gegen die

Kanzlerkandidatin und der hohen Intensität der Berichterstattung Anfang Juli feststellen. In der 12. Analysewoche (05.07.2021 bis 11.07.2021), kurz vor der verheerenden Hochwasserkatastrophe, veröffentlichen die untersuchten Tageszeitungen 90 Beiträge und 297 wertende Aussagen über die Kanzlerkandidaten. Anschließend nimmt der Umfang der Berichterstattung ab, bis er ab der 17. Analysewoche bis zur Bundestagswahl dann mit wenigen Ausnahmen wieder zunehmend größer wird und eine Woche vor der Bundestagswahl seinen Gipfel erreicht.

Ressorts und Darstellungsformen

Die meisten Beiträge (78,4%) über die Kanzlerkandidaten veröffentlichen die untersuchten Printmedien *Süddeutsche Zeitung*, *Welt* und *Bild* im Politikressort (vgl. Abbildung 5). Es folgt mit großem Abstand das Wirtschaft- und Finanzressort, in dem immerhin 10,4 Prozent aller Artikel über die Kanzlerkandidaten erscheinen. In den Kulturressorts der Tageszeitungen werden vier Prozent der Beiträge veröffentlicht, gefolgt von den Medienressorts (2,4%).

Zu ähnlichen Ergebnissen kamen auch Koch & Holtz-Bacha (2008) im Zuge ihrer Analyse der Berichterstattung zur Bundestagswahl 2005. Hierbei wurde der Großteil aller analysierten Artikel über die Kandidaten Angela Merkel und Gerhard Schröder ebenfalls im politischen Ressort veröffentlicht. Die meisten weiteren Beiträge kommen – analog zur vorliegenden Arbeit – in den Wirtschaftsrubriken sowie in den Kultur- bzw. Feuilletonressorts vor. In den weiteren Ressorts finden Koch & Holtz-Bacha keinen erwähnenswerte Berichterstattung über die Kanzlerkandidaten (ebd., S. 56).

Abbildung 4: Ressorts der Presseberichterstattung über die Kanzlerkandidaten

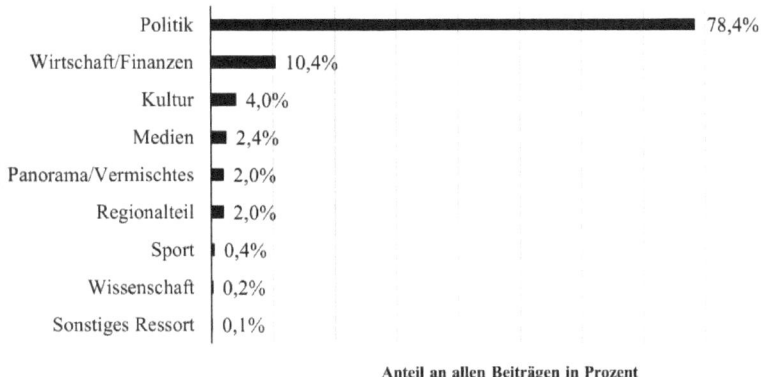

Quelle: Eigene Darstellung. N = 2.012

Abbildung 6 veranschaulicht, welche journalistischen Darstellungsformen den Beiträgen über die Kanzlerkandidaten zugrunde liegen. Neben den tatsachenbetonten Darstellungsformen Bericht (37,8%) und Nachricht (22,8%) sind es vor allem meinungsbetonte Darstellungsformen wie Kommentare/Glossen/Leitartikel (22,6%), die sich mit den Kandidaten Scholz, Laschet und Baerbock beschäftigen.

Auch Leidecker-Sandmann und Wilke (2019) verzeichnen eine ähnliche Häufigkeitsverteilung bei der Presseberichterstattung im Vorfeld der Bundestagswahl 2017. Die Autoren stellen gleichermaßen fest, dass Nachrichten/Berichte die am häufigsten genutzten Darstellungsformen sind und analysieren ebenfalls, dass sich Kommentare/Glossen bzw. Reportagen/Features am zweit- bzw. dritthäufigsten mit dem Wahlkampf und den Kanzlerkandidaten beschäftigten (ebd., S. 216). Analog dazu registrieren Koch und Holtz-Bacha (2008) bei ihrer Inhaltsanalyse der Presseberichterstattung zu Schröder und Merkel, dass neben Berichten vor allem Kommentare und Leitartikel die Berichterstattung in den Printmedien dominieren. Es lässt sich demnach festhalten, dass sich die

Erkenntnisse der vorliegenden Arbeit hinsichtlich der Darstellungsformen mit Ergebnissen vorangegangener Studien decken.

Abbildung 5: Journalistische Darstellungsformen der Presseberichterstattung über die Kanzlerkandidaten

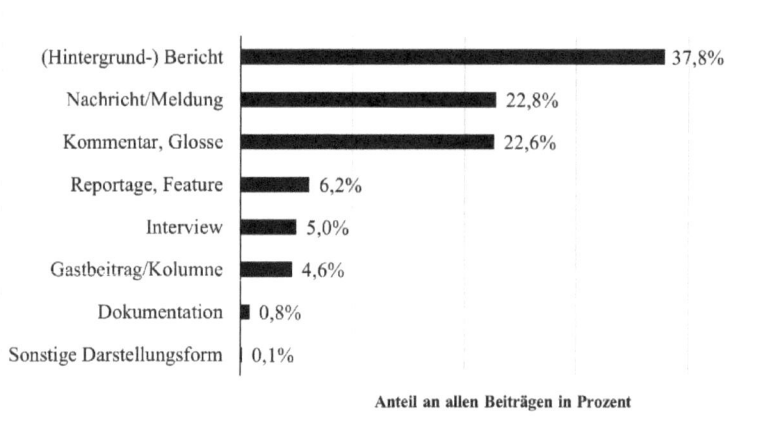

Quelle: Eigene Darstellung. N = 2.012

Präsenz der Kanzlerkandidaten

Abschließend wird in diesem Kapitel die Präsenz der Kanzlerkandidaten Armin Laschet, Olaf Scholz und Annalena Baerbock in der Presseberichterstattung betrachtet. Die Präsenz in den Massenmedien sorgt für Sichtbarkeit der Kandidaten und verleiht ihnen „politisches Gewicht" (Brettschneider & Wagner, 2008, S. 230). Gleichzeitig kann ein offensichtlicher Mangel an Präsenz in der Berichterstattung als erheblicher Nachteil gesehen werden (ebd.). Wie in Kapitel 2.4.1 bereits erwähnt wurde, ist die Bundestagswahl 2021 unter dem Gesichtspunkt der Präsenz der Kandidaten besonders. Zum einen trat kein Amtsinhaber zur Wahl an, somit kann auch kein regelmäßig nachgewiesener Kanzlerbonus gemessen werden. Zum anderen traten erstmals drei Spitzenkandidaten zu einer Bundestagswahl an. Die Präsenz der drei Kandidaten wurde anhand ihrer jeweiligen Anteile an den wertenden Aussagen in den analysierten Tageszeitungen gemessen. Bei der Interpretation der Daten muss demnach beachtet werden, dass keine neutralen Erwähnungen der Politiker erfasst wurden. Abbildung 7 veranschaulicht die Präsenz der Kandidaten anhand ihrer Anteile an den wertenden Aussagen.

Abbildung 6: Präsenz der Kandidaten in der wertenden Presseberichterstattung von SZ, Welt und Bild

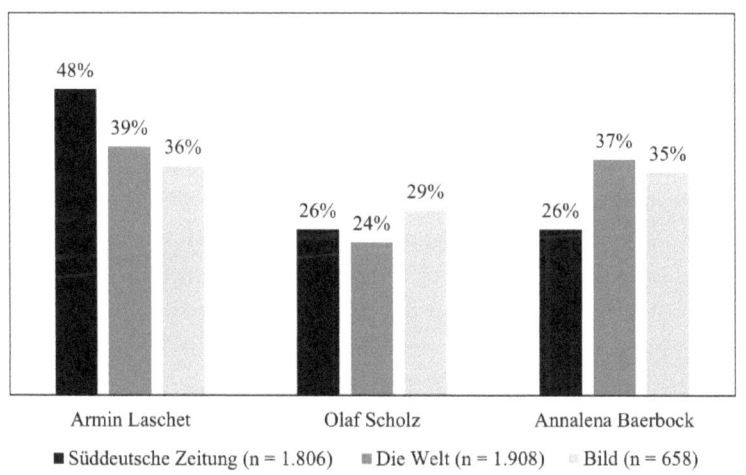

Quelle: Eigene Darstellung.

Insgesamt gesehen verzeichnet Armin Laschet die stärkste Medienpräsenz in den drei Tageszeitungen. 42 Prozent (n = 1.857) aller wertenden Aussagen in der Berichterstattung beziehen sich auf den Kanzlerkandidaten der Union. Es folgt Annalena Baerbock, auf sie entfallen insgesamt 32 Prozent (n = 1.387) aller Aussagen. Mit 26 Prozent (n = 1.128) aller wertenden Aussagen verzeichnet Olaf Scholz die geringste Präsenz in der Presseberichterstattung. Unions-Kandidat Laschet wird besonders häufig in der *Süddeutschen Zeitung* erwähnt (48%), gefolgt von der *Welt* (39%) und der *Bild* (36%). Die *Welt* berichtet außerdem ausgibig über die grüne Spitzenkandidaten Annalena Baerbock (37%), während Olaf Scholz in lediglich 24 Prozent aller wertenden Aussagen in der Berichterstattung der *Welt* erwähnt wird. Die *Bild-Zeitung* misst den Kandidaten

Armin Laschet (36%) und Annalena Baerbock (35%) eine ähnlich große Bedeutung zu.

Dass Armin Laschet in den Medien die größte Präsenz erfährt, könnte verschiedene Gründe haben. Zum einen galt er als CDU-Kandidat und Mitglied der amtierenden Regierungspartei lange als aussichtsreichster Kandidat und somit als potenzieller Nachfolger Angela Merkels. Noch im Juli 2021 lag die Union (29%) in Wahlumfragen deutlich vor der SPD (16%) und den Grünen mit 19 Prozent (Infratest dimap, 2021). Darüber hinaus ist der lang andauernde unionsinterne Machtkampf um die Kanzlerkandidatur zwischen Laschet und Markus Söder (CSU) möglicherweise ein weiterer Grund für die hohe Präsenz Laschets. Denn mit seiner Nominierung waren die Diskussionen rund um die beiden Politiker und die internen Zwistigkeiten längst nicht beendet. Damit zusammenhängend könnte der regionale Schwerpunkt der *SZ* und die damit verbundene räumliche Nähe zur bayerischen CSU sowie ihrem Parteivorsitzenden Markus Söder eine Ursache dafür sein, dass sie besonders häufig über Laschet berichtet.

Im Vergleich zu den Aufregungen rund um CDU, CSU und Laschet sowie dem Novum einer ersten grünen weiblichen Kanzlerkandidatin in Person von Annalena Baerbock, war SPD-Kandidat Olaf Scholz wohl etwas weniger ‚polarisierend', weshalb er womöglich auch eine geringere Präsenz in den Medien erfährt. Anhand einer Analyse der Themen, die in der Berichterstattung eine Rolle gespielt haben und mit denen die Kandidaten in den Medien in Verbindung gebracht wurden (vgl. Kapitel 6.2), lassen sich weitere Gründe für die unterschiedliche Präsenz der Politiker finden. Zudem muss eine hohe mediale Aufmerksamkeit nicht zwingend von Vorteil für die Kandidaten sein – vielmehr kommt es auch auf die Themen und die Tendenz der Berichterstattung an.

6.2 Themen in der Presseberichterstattung

Die zweite Forschungsfrage beschäftigt sich mit der Analyse der Themen in der Presseberichterstattung über die Kanzlerkandidaten. Hierzu wurde zum einen jeweils das zentrale Hauptthema der Beiträge über die Kanzlerkandidaten erhoben. Außerdem wurde anhand der einzelnen Aussagen erfasst, mit welchen Themen speziell Laschet, Scholz und Baerbock jeweils in Verbindung gebracht wurden.

Zentrale Themen in der Presseberichterstattung

Zunächst wird betrachtet, welche Themen die Berichterstattung über die drei Spitzenkandidaten insgesamt dominierten. Um hierzu einen umfassenden Überblick zu bekommen, wurden die detaillierten thematischen Ausprägungen im Rahmen der Auswertung zu zentralen Themenbereichen zusammengefasst. Abbildung 8 stellt die zentralen Themen der Presseberichterstattung über die Kanzlerkandidaten dar. Den Schwerpunkt der Berichterstattung in der *SZ*, der *Welt* und der *Bild* bilden Beiträge zur Wahl bzw. zum Wahlkampf selbst. Sie machen fast ein Viertel (23,3 %) aller Beiträge aus. Innerhalb dieses Themengebiets dominieren in knapp einem Drittel der Fälle Artikel, die sich mit allgemeinen Angelegenheiten des Bundestagswahlkampfs beschäftigen, jeweils rund ein Sechstel der Beiträge behandeln hauptsächlich Wahlkampfauftritte und mögliche Koalitionsmodelle. Jeder zehnte Artikel aus diesem Themenbereich ist Wahl- und Regierungsprogrammen gewidmet, ebenso wie den TV-Triellen (bzw. TV-Duellen) der Kandidaten.

Auch Leidecker-Sandmann & Wilke (2019) stellen in ihrer Langzeitstudie fest, dass der Wahlkampf selbst – sowohl bei der Wahl 2017 als auch bei allen vorangegangenen Wahlen – das dominierende Thema in der Presseberichterstattung war. Dass Wahlkampfauftritte der Kandidaten und mögliche Koalitionsmodelle häufig thematisiert werden, liegt womöglich an der neuartigen Kandidatenkonstellation und den damit einhergehenden vielfältigen Koalitionsoptionen. Die Wirtschafts- und Finanzpolitik ist das häufigste unter den anderen zentralen Themen der

Berichterstattung (8,8%). Das häufige Vorkommen dieses Themengebiets könnte auch daran liegen, dass mit Olaf Scholz der amtierende Finanzminister für das Kanzleramt kandidierte und Finanzthemen deshalb von besonderem Interesse waren. Zudem war die Einigung auf eine globale Mindeststeuer für Großkonzerne im Sommer 2021 ein bedeutendes Ereignis, an dem Scholz maßgeblich beteiligt war. So beschäftigten sich rund ein Drittel der Beiträge innerhalb des Themengebiets ausschließlich mit Steuerpolitik. Unter den Top 3 der zentralen Themen der Berichterstattung über die Kanzlerkandidaten liegt außerdem die Außenpolitik (7,5%). Das hat vor allem einen Grund: Ein Drittel aller Beiträge innerhalb dieses Sektors beschäftigt sich mit der Machtübernahme der Taliban in Afghanistan im August 2021. Die Bundeswehr unterstützte eine heikle Evakuierungsoperation des Auswärtigen Amtes aus Afghanistan, um deutsche Staatsbürger sowie einheimische Ortskräfte und weitere Schutzbedürftige in Sicherheit zu bringen. Scholz, Laschet und Baerbock, die sich zu diesem Zeitpunkt mitten im Endspurt des Wahlkampfs befanden, sahen sich ebenfalls mit den Vorfällen konfrontiert und wurden in der Berichterstattung somit auch mit diesem außenpolitischen Thema in Verbindung gebracht. Ferner behandelt jeder zehnte Beitrag innerhalb des Themenbereichs den Israel-Gaza-Konflikt. Bei der Wahl 2017 stellten Leidecker-Sandmann & Wilke (2019) ebenfalls einen starken Fokus auf Außenpolitik in der Presseberichterstattung fest.

Einen immensen Einfluss auf viele Themen und Bereiche des Wahlkampfs hatte die Corona-Krise (vgl. Kapitel 1). Noch nie stand eine Bundestagswahl so stark unter dem Zeichen einer weltweiten Pandemie. Und wohl auch noch nie spielte ein gesundheitspolitisches Thema eine so große Rolle in der Wahlkampfberichterstattung. 6,6 Prozent aller Beiträge über die Kanzlerkandidaten 2021 beschäftigen sich mit der Coronapolitik (vgl. Abbildung 8).

Ferner machen Umfrageergebnisse immerhin fünf Prozent aller Artikel in der Presse aus. Weiterhin spielen die Hochwasserkatastrophe im Juli 2021 (3,8% der Beiträge) und – auch damit zusammenhängend – der Klima- und Umweltschutz (4,3%) eine wesentliche Rolle in den untersuchten Tageszeitungen. Ursächlich für das häufige Vorkommen eines anderen, ganz spezifischen Themas in der Presse dürfte insbesondere Annalena Baerbock sein: Immerhin 3,4 Prozent aller Beiträge über die Kandidaten behandeln Plagiatsvorwürfe und sonstige Anschuldigungen. Ein Thema, das in der Berichterstattung auch heraussticht, ist der Machtkampf in der Union zwischen Armin Laschet und Markus Söder (1,7%). Niedrige Werte (je 1,3%) bei den zentralen Themen erreichen die Skandale um Cum-Ex-Geschäfte und Wirecard, die Integrationspolitik und die Verkehrspolitik. Insbesondere die Integrations- und Flüchtlingspolitik hat im Vergleich zur Wahl 2017 deutlich an Bedeutung in der Berichterstattung verloren (vgl. Leidecker-Sandmann & Wilke, 2019). Andere dominierende Themenbereiche wie Corona oder die Hochwasserkatastrophe kamen dagegen neu hinzu.

Abbildung 7: Themen in der Presseberichterstattung über die Kanzlerkandidaten

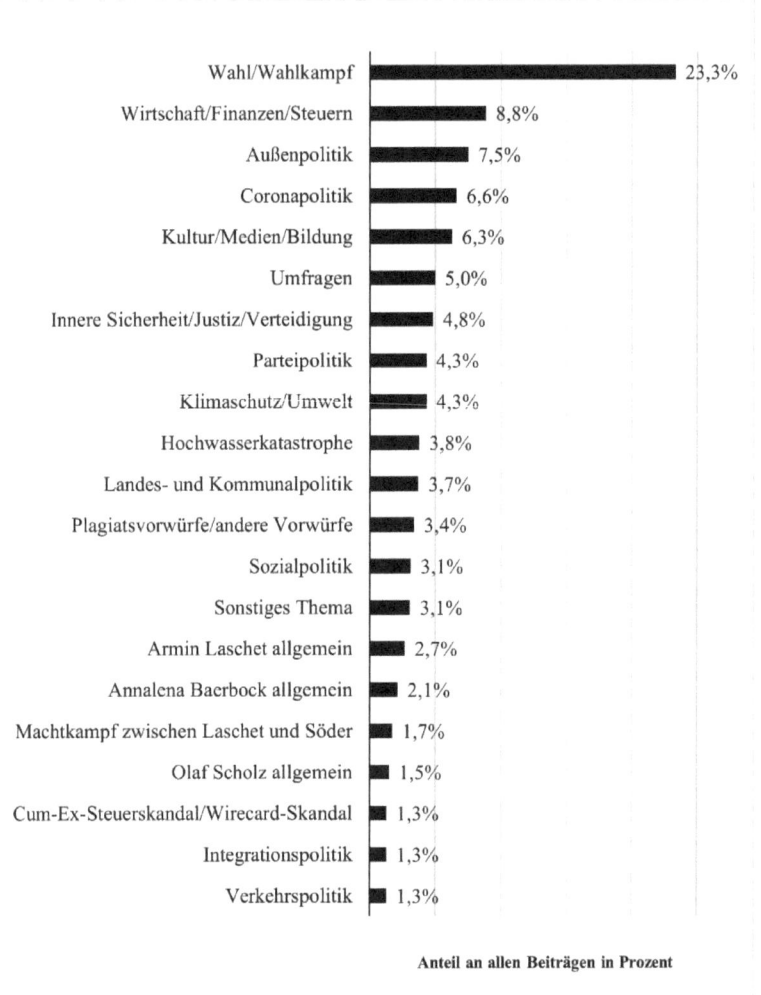

Quelle: Eigene Darstellung. Abgebildet sind die Hauptthemen der Artikel. Pro Artikel wurde nur ein Thema als Hauptthema codiert. N = 2.012

Themen in Verbindung mit den Kanzlerkandidaten

Nachdem eingangs in diesem Kapitel anhand der Beiträge betrachtet wurde, welche zentralen Themen die Berichterstattung insgesamt dominieren, wird im Folgenden dargestellt, mit welchen Themen speziell die Kandidaten Laschet, Scholz und Baerbock in den Tageszeitungen in Verbindung gebracht werden. Dies wurde anhand der thematischen Kontexte der wertenden Aussagen über die Politiker erhoben. In Abbildung 9 sind die 15 häufigsten Themen aller Aussagen, die über Laschet getroffen wurden, abgebildet. Analog dazu sind auch die 15 häufigsten Themen aller Aussagen über Olaf Scholz (vgl. Abbildung 10) und Annalena Baerbock (vgl. Abbildung 11) dargestellt.

Mit Blick auf die drei häufigsten Themen, mit denen die Kandidaten in Verbindung gebracht werden, lassen sich zunächst Parallelen zwischen Armin Laschet und Olaf Scholz feststellen. Bei beiden Spitzenkandidaten dominieren in der Berichterstattung jene Aussagen, die sich thematisch auf ihr allgemeines Verhalten, ihr Auftreten bzw. ihre Art beziehen. Bei Scholz (17,4%) spielt dieses Thema eine noch größere Rolle als bei Laschet (13,4%). Ein Grund hierfür könnte sein, dass Scholz' Persönlichkeit in der Öffentlichkeit – auch im Vergleich mit polarisierenden SPD-Vorgängern wie Gerhard Schröder – oftmals kontrovers gesehen wurde. So wurde ihm beispielsweise häufig fehlendes Charisma attestiert, die Bezeichnung „Scholzomat" wurde zum geflügelten Wort (Frenzel, 2021).

In Bezug auf Laschet wiederum nahmen Aussagen rund um seine Nominierung und Kandidatur (12,7%) einen großen Umfang in der Berichterstattung ein, bei Scholz liegt dieses Thema an dritter Stelle (6,8%). Laschets holpriger Weg zu seiner Nominierung, inklusive unionsinternem Machtkampf mit Markus Söder, könnte ursächlich für die hohe Präsenz dieses Themas sein. Das Thema hallte auch nach Laschets Nominierung im April 2021 lange nach, seine Kandidatur wurde von verschiedenen Seiten immer wieder in Frage gestellt. Unter den Top 3 der Themen befindet sich außerdem sowohl bei Laschet (10,8%) als auch bei Scholz (13,7%) ihr Abschneiden in Umfragen.

Mit einem vergleichenden Blick auf die häufigsten Themen der Aussagen über Annalena Baerbock fällt auf, dass sich bei der Spitzenkandidatin der Grünen vor die oben genannten Themen zwei andere Sachverhalte schieben (vgl. Abbildung 11). Zwar spielen Verhalten/Auftreten/Art (13,0%), Kandidatur/Nominierung (10,9%) und Umfragen (7,8%) auch bei ihr eine große Rolle – dominierend sind jedoch Aussagen zu den Plagiatsvorwürfen (18,1%) und zu Baerbocks Lebenslauf (13,3%). Insbesondere das Thema Plagiatsvorwürfe – Baerbock wurde vorgeworfen, an mehreren Stellen eines von ihr verfassten Buches plagiiert zu haben – hebt sich mit einem Anteil von mehr als 18 Prozent deutlich von den anderen Themen ab. Auch mit Kritik an ungenauen Angaben in ihrem Lebenslauf sah sich Baerbock konfrontiert, was sich ebenfalls in den Medien widerspiegelte. Darüber hinaus hatte sie versäumt, der Bundestagsverwaltung diverse Nebeneinkünfte rechtzeitig zu melden. Auch im Kontext dieser Angelegenheit wurden häufig Aussagen (6,4%) über die Grünen-Kandidatin getroffen.

Doch auch Armin Laschet und Olaf Scholz sahen sich mit unangenehmen Themen konfrontiert, die sich ebenfalls in der Presseberichterstattung widerspiegelten. So landete Laschets Auftritt im Flutgebiet in NRW, bei dem er in unpassender Situation vor laufender Kamera lachte (6,0%), unter den Top 5 der am häufigsten thematisierten Aspekte in Bezug auf den Unions-Kandidaten (vgl. Abbildung 9). SPD-Kandidat Scholz wiederum musste sich vor dem Wirecard-Untersuchungsausschuss verantworten und wehrte sich gegen Vorwürfe, den Milliardenbetrug im Fall Wirecard nicht verhindert und nicht aufgeklärt zu haben. Der Wirecard-Skandal (6,1%) zählt zu den Top 5 der häufigsten Themen aller Aussagen über Scholz. Auch der Cum-Ex-Steuerskandal (3,3%), infolgedessen sich der damalige Finanzminister ebenfalls vor einem Untersuchungsausschuss verantworten musste, wurde in den Massenmedien oft mit Scholz in Verbindung gebracht (vgl. Abbildung 10).

Mit Blick auf zentrale Politikfelder und Sachthemen lässt sich feststellen, dass Olaf Scholz in den Medien vor allem im Zusammenhang mit Wirtschafts-, Finanz- und Steuerthemen (5,0%) genannt wird. Das hat vermutlich vor allem mit seinem damaligen Amt als Finanzminister zu tun. So wird er, damit zusammenhängend, auch im Kontext seiner Arbeit als Finanzminister (4,6%) häufig in der Berichterstattung erwähnt. Das Themengebiet innere Sicherheit/Justiz/Verteidigung zählt mit einem Anteil von 4,5 Prozent aller Aussagen über Scholz ebenfalls zu den häufigsten Themen des SPD-Kandidaten (vgl. Abbildung 10).

Bei Aussagen über Laschet wiederum spielen Klima- und Umweltschutz (4,2%) und Coronapolitik (3,1%) eine nicht unwesentliche Rolle in den Medien. Die Bedeutung der Coronapolitik ist hierbei womöglich auf Laschets oft wechselhaften Kurs in der Coronapolitik, den Streit um die Verteilung möglicherweise minderwertiger Schutzmasken durch CDU-Gesundheitsminister Spahn und Diskussionen rund um die millionenschwere Anschaffung von Corona-Schutzausrüstung durch die NRW-Landesregierung zurückzuführen. Im Vergleich dazu stehen bei Annalena Baerbock die zentralen Politikfelder Außenpolitik (2,2%), Wirtschaft/Finanzen/Steuern (2,2%) sowie Klima- und Umweltschutz (1,7%) weit oben auf der Medienagenda (vgl. Abbildung 11). Jedoch machen diese Themen bei Baerbock – im Vergleich zu den oben genannten personenbezogenen Themen sowie den diversen Vorwürfen – einen wesentlich geringeren Anteil aus. Es fällt auf, dass unter den zehn häufigsten Themen bei Baerbock kein politisches Sachthema zu finden ist, wohingegen ihre persönlichen Fehltritte vergleichsweise stark vertreten sind (vgl. Abbildung 11).

Abbildung 8: Themen der wertenden Aussagen über Armin Laschet (Top 15)

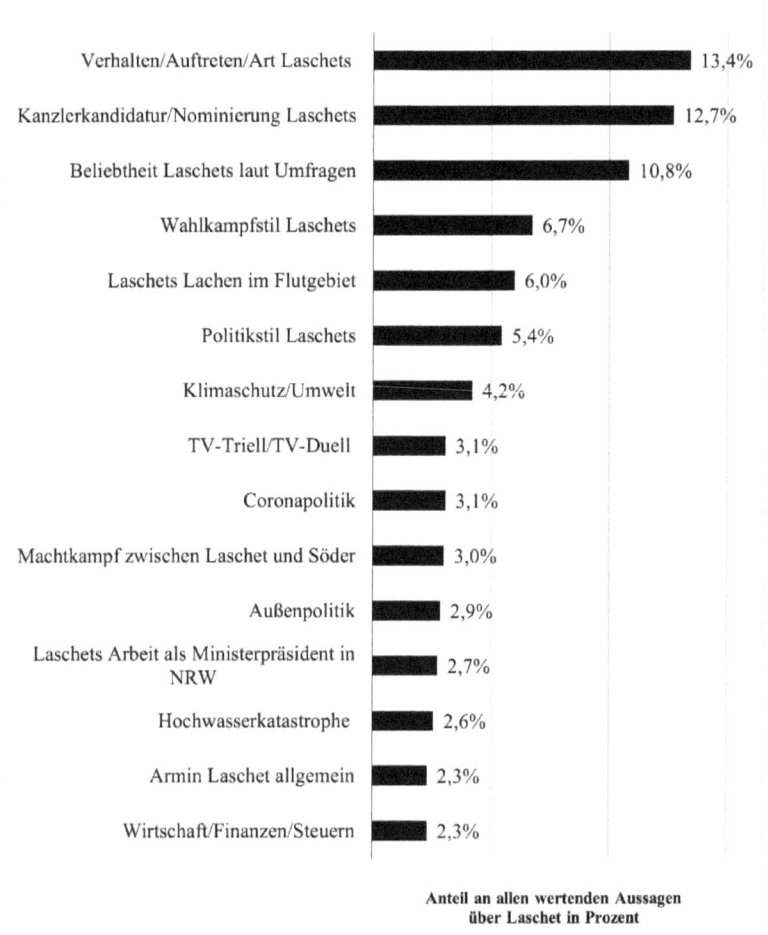

Quelle: Eigene Darstellung. Abgebildet sind die 15 häufigsten Themen aller wertenden Aussagen in der Berichterstattung über Armin Laschet. Pro Aussage wurde nur ein thematischer Kontext codiert. n = 1.857

Abbildung 9: Themen der wertenden Aussagen über Olaf Scholz (Top 15)

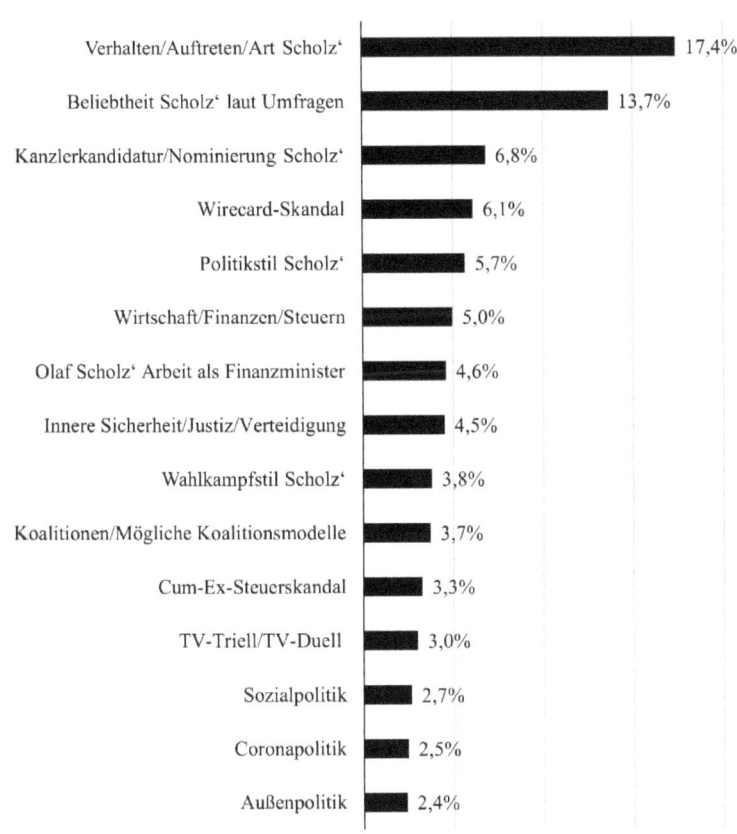

Quelle: Eigene Darstellung. Abgebildet sind die 15 häufigsten Themen aller wertenden Aussagen in der Berichterstattung über Olaf Scholz. Pro Aussage wurde nur ein thematischer Kontext codiert. n = 1.128

Abbildung 10: Themen der wertenden Aussagen über Annalena Baerbock (Top 15)

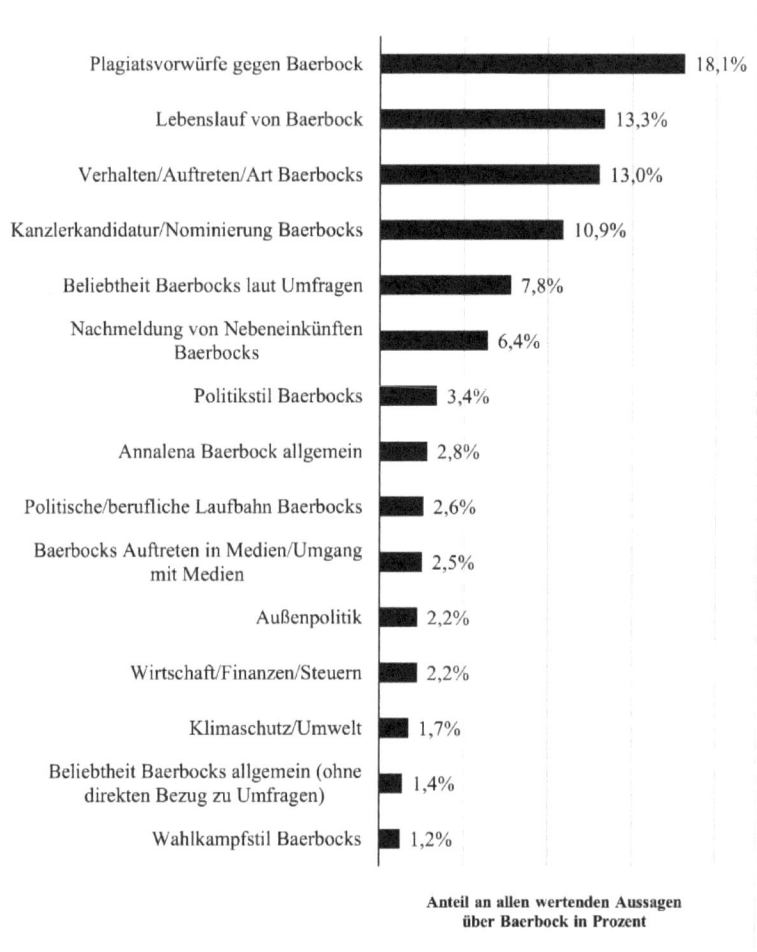

Quelle: Eigene Darstellung. Abgebildet sind die 15 häufigsten Themen aller wertenden Aussagen in der Berichterstattung über Annalena Baerbock. Pro Aussage wurde nur ein thematischer Kontext codiert. n = 1.387

6.3 Bewertungen der Kandidaten und Akteure in der Presseberichterstattung

Die dritte Forschungsfrage beschäftigt sich mit den Bewertungen von Armin Laschet, Olaf Scholz und Annalena Baerbock in der Presseberichterstattung. Sie untersucht, wie und von welchen Akteuren die Politiker in den Medien bewertet werden. In den 2.012 analysierten Beiträgen wurden insgesamt 4.372 wertende Aussagen über die Kandidaten getroffen. Insgesamt betrachtet enthalten die Artikel somit 2,2 Bewertungen pro Beitrag. 42 Prozent aller Bewertungen in den drei Tageszeitungen entfallen auf Laschet, gefolgt von Aussagen über Baerbock (32%) und Scholz (26%).

Mittlerer Gesamttenor der Beiträge

Zunächst wird die Entwicklung des durchschnittlichen Gesamttenors der Beiträge gegenüber den Kandidaten betrachtet. Dieser wurde auf Artikelebene und auf einer Skala von -2 (sehr negativ) bis 2 (sehr positiv) erhoben. Abbildung 12 veranschaulicht die mittlere Tendenz der Artikel im zeitlichen Verlauf des Bundestagswahlkampfs.

Abbildung 11: Bewertungen: Mittlerer Gesamttenor der Artikel im Zeitverlauf

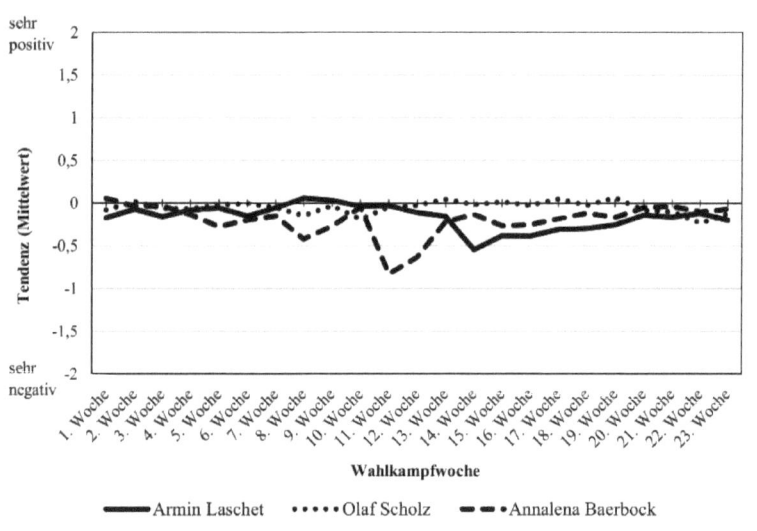

Quelle: Eigene Darstellung.
Mittlerer Gesamttenor auf einer Skala von -2 (sehr negativ) bis 2 (sehr positiv). N = 2.012

Insgesamt ist festzustellen, dass der Gesamttenor gegenüber allen drei Kandidaten größtenteils negativ ausfällt – möglicherweise Kennzeichen einer überwiegend kritischen Haltung der Journalisten. Vergleichsweise schneidet Olaf Scholz jedoch am besten ab. Bei ihm lassen sich keine großen Schwankungen des Gesamttenors erkennen, seine mittlere Tendenz verläuft während des Wahlkampfs relativ neutral. Vor allem im Hochsommer (12. bis 19. Woche) fällt der Gesamttenor gegenüber dem SPD-Kandidaten teilweise auch positiv aus.

Mit Blick auf Scholz' Gegenkandidaten Laschet und Baerbock wiederum lassen sich insgesamt deutlich negativere Tendenzen auf Artikelebene feststellen (vgl. Abbildung 12). So sind bei Annalena Baerbock insbesondere drei negative Ausreißer des Gesamttenors auffällig: Der mittlere Tenor der Beiträge gegenüber der grünen Spitzenkandidatin fällt erstmals in Woche 8 besonders negativ aus

(M = -0,42; SD = 0,72). In diesem Zeitraum kamen erste Diskussionen um falsche Angaben in Baerbocks Lebenslauf auf. Noch negativer jedoch ist der Gesamttenor in der 11. Woche (M = -0,83; SD = 0,96) und der 12. Woche (M = -0,63; SD = 0,85). Diese negativen Werte sind sehr wahrscheinlich auf die Plagiatsvorwürfe gegen Baerbock zurückzuführen, die erstmals Ende Juni öffentlich wurden und in den Medien ausgiebig diskutiert wurden. Der Gesamttenor gegenüber Armin Laschet fällt in Woche 14 am negativsten aus (M = -0,55; SD = 0,77). Unmittelbar davor, am 17. Juli (Woche 13), fiel Laschet durch sein Lachen vor laufender Kamera im Flutgebiet negativ auf – der negative Gesamttenor Ende Juli ist vermutlich auf diesen Fehltritt Laschets zurückzuführen.

Mittlere Tendenz der wertenden Aussagen

Im Folgenden wird die Entwicklung der mittleren Tendenz der wertenden Aussagen über die Kandidaten betrachtet. Die Tendenz wurde auf Aussagenebene und auf einer Skala von -1 (negativ) bis 1 (positiv) erhoben. Abbildung 13 veranschaulicht die mittlere Tendenz der Aussagen im zeitlichen Verlauf des Bundestagswahlkampfs.

Im Vergleich mit dem Gesamttenor auf Artikelebene kann festgestellt werden, dass die Entwicklungen der mittleren Tendenzen der Aussagen über die Kandidaten einen ähnlichen Verlauf nehmen. Auch die Tendenzen auf Aussagenebene sind überwiegend negativ – lediglich Olaf Scholz sticht, analog zur Artikelebene, mit einer längeren positiven Bewertungsphase (Woche 13-19) heraus. In diesem Zeitraum sind die Diskrepanzen zwischen den Bewertungen von Scholz, Laschet und Baerbock besonders groß. Ausgesprochen positiv wird Scholz Mitte Juli (13. Woche) bewertet (M = 0,45; SD = 0,91). Dies hängt vermutlich mit dem Beschluss einer globalen Mindeststeuer durch die G20-Finanzminister zusammen. Scholz hatte entscheidenden Anteil an diesem Projekt und erntete hierfür viel Lob. Zudem verbesserten sich Scholz' Umfragewerte im Sommer. Besonders negative Bewertungen wiederum erhält der SPD-Kandidat Anfang Mai, in Woche 3 des Untersuchungszeitraums (M = -0,73; SD = 0,70). Auffallend viel Kritik in den

Tageszeitungen erfährt Annalena Baerbock. Lediglich zu Beginn des Wahlkampfs überwiegen positive Bewertungen der grünen Spitzenkandidatin. Ab Ende April zeigt der Trend der mittleren Tendenz wertender Aussagen nach unten (vgl. Abbildung 13). Vor allem in der Sommerperiode erhält Baerbock viele negative Bewertungen. Ihre diversen Fehler wurden ihr hierbei wohl zum Verhängnis: Die verspätete Nachmeldung ihrer Nebeneinkünfte (ab Ende Mai), Diskussionen um ihren Lebenslauf (ab Anfang Juni) und Plagiatsvorwürfe (ab Ende Juni) sind vermutlich ursächlich für den Negativ-Trend. Den negativen Höhepunkt erreichen die Bewertungen Baerbocks in der Berichterstattung in der 16. Wahlkampfwoche (M = -1,00; SD = 0,00).

Abbildung 12: Bewertungen: Mittlere Tendenz der Aussagen im Zeitverlauf

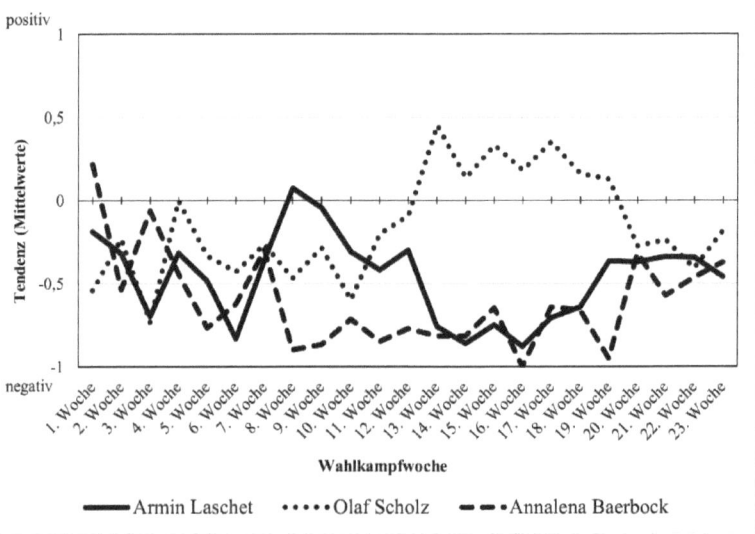

Quelle: Eigene Darstellung. Mittlere Tendenz auf einer Skala von -1 (negativ) bis 1 (positiv). N = 4.372

Unions-Kandidat Laschet wird ebenfalls vor allem im Sommer negativ bewertet – Woche 14 (M = -0,86; SD = 0,51) und Woche 16 (M = -0,88; SD = 0,48) markieren hierbei die negativen Tiefpunkte. Analog zum Gesamttenor auf Beitragsebene lassen sich die Werte auch hierbei vermutlich auf Laschets Lachen im Flutgebiet zurückführen. Am positivsten sind die Bewertungen Laschets in der 8. Woche (M = 0,07; SD = 1,01). In diesem Zeitraum profitierte Laschet womöglich vom Erfolg der CDU bei der Landtagswahl in Sachsen-Anhalt. So gab ihm der Wahlgewinn seiner Partei vermutlich zumindest kurzzeitig etwas Rückenwind und wirkte sich somit möglicherweise auch positiv auf seine Bewertungen in den Medien aus.

Bewertungsdimensionen der Aussagen über die Kandidaten

Im Folgenden werden die Bewertungsdimensionen der Aussagen betrachtet. Damit wird untersucht, welche Eigenschaften, Merkmale bzw. Aspekte der Kandidaten in der Berichterstattung bewertet werden. Hierzu wird einerseits auf die Häufigkeiten der jeweiligen Bewertungsdimensionen eingegangen, andererseits werden die jeweiligen Tendenzen betrachtet. Abbildung 14 veranschaulicht die jeweiligen Anteile der Bewertungsdimensionen an den wertenden Aussagen über die Kandidaten. Darüber hinaus sind in Tabelle 6 die mittleren Tendenzen der Aussagen über die Kandidaten nach den jeweiligen Bewertungsdimensionen dargestellt.

Abbildung 13: Bewertungsdimensionen aller wertenden Aussagen über die Kandidaten

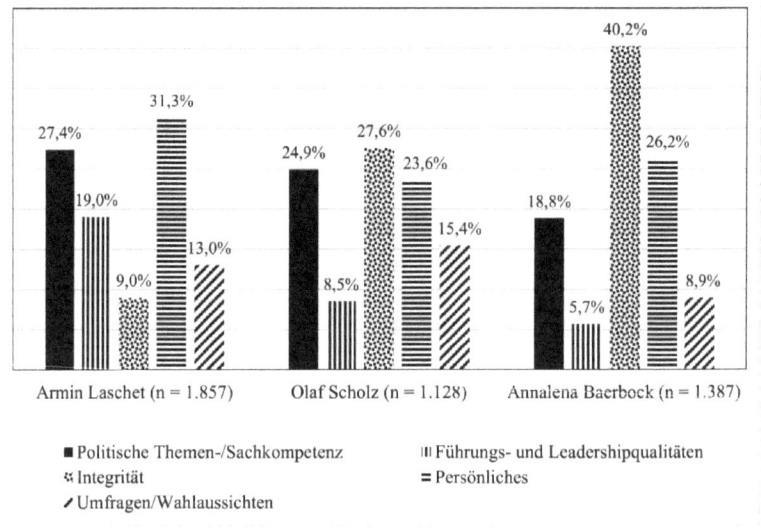

Quelle: Eigene Darstellung. Abgebildet sind die Anteile (in %) der Bewertungsdimensionen an den wertenden Aussagen (N = 4.372) über die jeweiligen Kandidaten. Die Ausprägung ‚Sonstiges' (n = 5) ist aufgrund ihrer geringen Fallzahl nicht aufgeführt.

Insgesamt betrachtet werden die Kandidaten in der Presseberichterstattung am häufigsten nach *persönlichen Eigenschaften* bewertet (n = 1.212), gefolgt von den Dimensionen *politische Themen- & Sachkompetenz* (n = 1.051), *Integrität* (n = 1.036), *Umfragen* (n = 540) und *Führungs- und Leadershipqualitäten* (n = 528).

Die meisten Aussagen über Unions-Kandidat Laschet beziehen sich auf seine persönliche Eigenschaften (31,3%), gefolgt von Bewertungen hinsichtlich seiner politischen Themen- und Sachkompetenz (27,4%). Im Vergleich zu Scholz und Baerbock wird Laschet außerdem besonders häufig bezüglich seiner Führungs- und Leadershipqualitäten (19,0%) bewertet (vgl. Abbildung 14). Dass diese Eigenschaftsdimension bei Laschet in der Berichterstattung eine so große Rolle spielt, hängt sicherlich mit dem unionsinternen Führungsstreit mit Markus Söder zusammen. So wurde auch nach der Nominierung Laschets noch in den Medien diskutiert, ob

Laschet der richtige bzw. geeignete Kandidat ist, um die Union in den Wahlkampf zu führen. Am schlechtesten schneidet Laschet insgesamt betrachtet in der Bewertungsdimension Umfragen/Wahlaussichten ab (M = -0,85; SD = 0,53), wohingegen Olaf Scholz in dieser Kategorie mit Abstand den besten Wert erzielt (M = 0,70; SD = 0,72). Grund hierfür könnten der Absturz der Union und Laschet in den Umfragen ab Juli 2021 sowie die positive Entwicklung der Zustimmungswerte für Scholz ab diesem Zeitpunkt sein (vgl. Forschungsgruppe Wahlen, 2021). Je näher die Bundestagswahl rückte, desto schlechter waren die Aussichten für Laschet (ebd.). Sowohl hinsichtlich der Themen- und Sachkompetenz (M = -0,62; SD = 0,78) als auch ihrer persönlichen Eigenschaften (M = -0,46; SD = 0,89) schneidet Annalena Baerbock vergleichsweise am schlechtesten ab. Auch das ist ein Ausdruck der oben bereits dargestellten, insgesamt sehr negativen Beurteilung Baerbocks in der Presse. Die wenigste Kritik erhält sie bezüglich ihrer Führungs- und Leadershipqualitäten. Bei diesen Eigenschaften schneidet der spätere Kanzler Olaf Scholz sogar leicht positiv ab (M = 0,08; SD = 1,00).

Während Integrität bei Bewertungen Laschets nur eine kleine Rolle spielt (9%), wird insbesondere Baerbock sehr häufig bezüglich dieser Eigenschaftsdimension bewertet (40,2%). Auch bei Scholz macht die Integritäts-Dimension (27,6%) den größten Anteil der wertenden Aussagen über ihn aus. Sowohl die Grünen-Kandidatin (M = -0,97; SD = 0,25) als auch der damalige Finanzminister (M = -0,85; SD = 0,54) werden in diesem Bereich insgesamt deutlich negativ bewertet (vgl. Tabelle 6).

Diese schlechten Werte sind vermutlich auf die jeweiligen problematischen Themen, mit denen die Kandidaten konfrontiert waren, zurückzuführen. Sowohl Scholz' Rolle im Wirecard- und Cum-Ex-Skandal als auch Baerbocks Buchplagiate, ihre ungenauen Angaben im Lebenslauf sowie die versäumte Meldung von Nebeneinkünften warfen Fragen nach der Glaubwürdigkeit und Ehrlichkeit beider Kandidaten auf. Das hatte außerdem zur Folge, dass andere Themen in den Hintergrund rückten – so macht die Dimension politische Themen- und Sachkompetenz bei Baerbock einen vergleichsweise geringen Anteil aus (18,8%). Wie oben dargestellt, spiegelt sich das auch bei ihren Themen, mit denen sie in den Tageszeitungen in Verbindung gebracht wird, wider (vgl. Kapitel 6.2).

Tabelle 6: Mittlere Tendenzen der wertenden Aussagen über die Kandidaten nach Bewertungsdimension

	Armin Laschet	Olaf Scholz	Annalena Baerbock
Politische Themen- & Sachkompetenz (n = 1.051)	-0,48 (0,88)	-0,22 (0,98)	-0,62 (0,78)
Führungs- & Leadershipqualitäten (n = 528)	-0,26 (0,97)	0,08 (1,00)	-0,29 (0,96)
Integrität (n = 1.036)	-0,68 (0,74)	-0,85 (0,54)	-0,97 (0,25)
Persönliches (n = 1.212)	-0,37 (0,93)	-0,09 (0,99)	-0,46 (0,89)
Umfragen/Wahlaussichten (n = 540)	-0,85 (0,53)	0,70 (0,72)	-0,40 (0,92)

Quelle: Eigene Darstellung. Mittelwerte (Standardabweichungen in Klammern) für die Tendenz der wertenden Aussagen (N = 4.372) auf einer Skala von -1 (negativ) bis 1 (positiv) über die Kandidaten bei der jeweiligen Bewertungsdimension. Die Ausprägung ‚Sonstiges' (n = 5) ist aufgrund ihrer geringen Fallzahl nicht aufgeführt.

Redaktionelle Linien der drei Tageszeitungen

Bei der wertenden Berichterstattung über die Kanzlerkandidaten zeigen sich Unterschiede zwischen den drei analysierten Tageszeitungen. Hierfür werden die durchschnittlichen Bewertungen[3] der Kandidaten durch die Journalisten der Printmedien untersucht. Diese mittleren Berichterstattungstendenzen können als redaktionelle Linien der jeweiligen Medien aufgefasst werden (vgl. Tabelle 7). Zunächst kann festgehalten werden, dass die redaktionelle Linie gegenüber Armin Laschet in allen drei Tageszeitungen überwiegend negativ ausfällt und in den Medien zudem nahezu identisch ist. Größere Unterschiede zwischen den redaktionellen Linien gibt es wiederum in Bezug auf Annalena Baerbock. Die Journalisten der *Bild-Zeitung* treten als schärfste Kritiker Baerbocks auf ($M = -0{,}90$; $SD = 0{,}44$).

Auch in der *SZ* und der *Welt* wird Baerbock von den Journalisten überwiegend negativ und deutlich schlechter als Laschet und Scholz bewertet. Olaf Scholz erfährt in der *Süddeutschen Zeitung* ($M = 0{,}09$; $SD = 0{,}99$) und der *Welt* ($M = 0{,}10$; $SD = 0{,}99$) als einziger Kandidat überwiegend positive Bewertungen durch die Redaktion. Von Journalisten der *Bild* hingegen wird auch Scholz überwiegend negativ bewertet ($M = -0{,}46$; $SD = 0{,}89$), besser jedoch als Laschet und auch als Baerbock.

Vor dem Hintergrund des politischen Spektrums, in das die drei Zeitungen gemeinhin eingeordnet werden (vgl. Kapitel 2.4.3), kann festgehalten werden, dass die redaktionellen Linien gegenüber den jeweiligen Kandidaten teilweise auch zur jeweiligen politischen Ausrichtung der Medien passen: Die *Bild* (konservativ) erweist sich als schärfste Kritikerin von Scholz (SPD) sowie Baerbock (Grüne) und besitzt eine weniger kritische Linie gegenüber Laschet. Die *SZ* (gemäßigt links) zeigt sich als schärfste Kritikerin Laschets (Union) sowie mit einer gemäßigteren Linie gegenüber Baerbock und die *Welt* (konservativ) erweist sich als scharfe Kritikerin Baerbocks.

---

[3] Da eine Vollerhebung der ausgewählten Medien im Untersuchungszeitraum durchgeführt wurde, wird auf die Angabe von Signifikanztests verzichtet.

Tabelle 7: Redaktionelle Linien der Tageszeitungen

	Süddeutsche Zeitung	Die Welt	Bild
Mittlere Bewertung Laschets durch Journalisten	-0,56 (0,83) n = 474	-0,52 (0,86) n = 420	-0,51 (0,87) n = 89
Mittlere Bewertung Scholz' durch Journalisten	0,09 (0,99) n = 278	0,10 (0,99) n = 261	-0,46 (0,89) n = 82
Mittlere Bewertung Baerbocks durch Journalisten	-0,61 (0,80) n = 295	-0,77 (0,64) n = 475	-0,90 (0,44) n = 137

Quelle: Eigene Darstellung. Mittelwerte (Standardabweichungen in Klammern) für die Tendenz der wertenden Aussagen von Journalisten der drei Tageszeitungen auf einer Skala von -1 (negativ) bis 1 (positiv) über die Kandidaten.

Akteure in der Berichterstattung über die Kandidaten

Welche Akteure sich in der Berichterstattung wertend über die Kanzlerkandidaten äußern, ist in Abbildung 15 dargestellt. Das sind in erster Linie die Journalisten des jeweiligen Mediums, die Laschet, Scholz und Baerbock in 57,4 Prozent (n = 2.511) aller Aussagen bewerten. Es folgen mit großem Abstand die Unions-Politiker der CDU mit 7,7 Prozent (n = 338) und der CSU mit 5,3 Prozent (n = 233) sowie andere Journalisten mit 4,3 Prozent (n = 190).

Abbildung 14: Urheber der wertenden Aussagen in der Berichterstattung über die Kandidaten

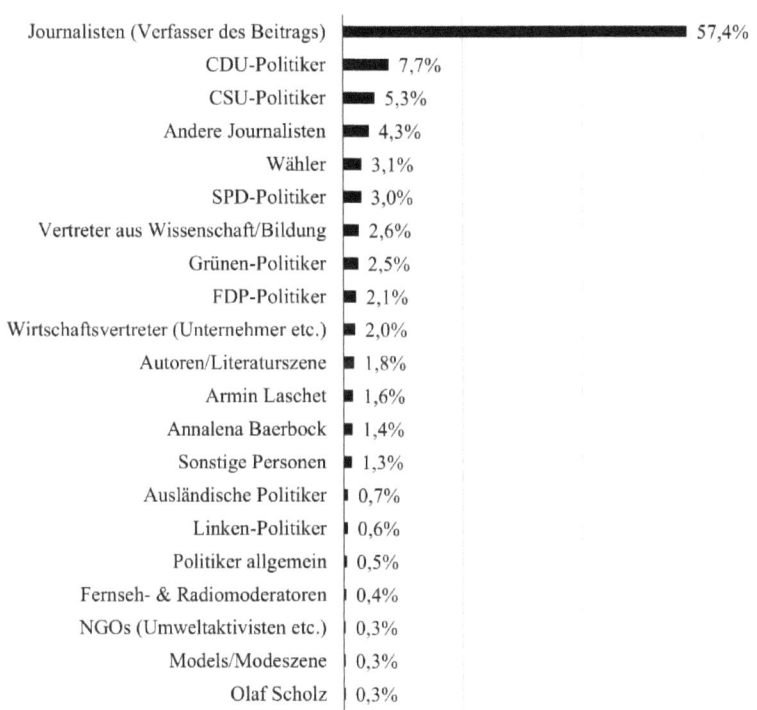

Anteil an allen wertenden Aussagen in Prozent

Quelle: Eigene Darstellung. Abgebildet sind die Akteure, die die Kandidaten in der Berichterstattung bewerten (Anteile an allen Aussagen in %). Nur Urheber(gruppen) mit mehr als zehn Aussagen sind aufgeführt. N = 4.372

6.4 Instrumentelle Aktualisierung von Themen in der Presseberichterstattung

Die vierte Forschungsfrage geht nochmals auf die Themen in der Berichterstattung ein und fragt danach, wie die Kandidaten im Kontext verschiedener Themen bewertet werden und ob bestimmte Themen von den Tageszeitungen instrumentell eingesetzt werden. Instrumentelle Aktualisierung beschreibt die gezielte

Berichterstattung über bestimmte Themen bzw. die bewusste Vernachlässigung von Themen in den Medien, um die eigene redaktionelle Linie zu unterstützen (vgl. Kapitel 3.3).

Thematischer Kontext der Bewertungen Laschets

Die häufigsten thematischen Kontexte und die Tendenzen der entsprechenden wertenden Aussagen über Laschet im Vergleich der drei Tageszeitungen sind in Abbildung 16 dargestellt. Insgesamt betrachtet sind die Tendenzen der Aussagen über Laschet bei den jeweiligen Themen im Vergleich der drei Medien größtenteils relativ ähnlich. Dazu passt, dass sich auch die redaktionellen Linien der Zeitungen gegenüber Laschet nicht wesentlich unterscheiden, wie in Kapitel 6.3 bereits festgestellt wurde. In Summe beziehen sich die meisten wertenden Aussagen über Laschet auf sein Verhalten, sein Auftreten und seine Art – von allen drei Printmedien wird er diesbezüglich leicht negativ beurteilt. Besonders negativ wird Laschet vor allem mit Bezug zu seinem Lachen im Flutgebiet sowohl in der SZ (M = -1,00; SD = 0,00) als auch in der *Welt* (M = -0,96; SD = 0,30) und der *Bild* (M = -1,00; SD = 0,00) bewertet. Auch im Hinblick auf die Hochwasserkatastrophe generell wird Laschet in allen drei Zeitungen deutlich negativ bewertet, ebenso schneidet er im Kontext seiner Beliebtheit laut Umfragen in allen drei Medien ähnlich schlecht ab. Mit Blick auf politische Sachthemen wird Laschet vor allem im Kontext von Klima- und Umweltschutz sowie der Coronapolitik erwähnt. Bei beiden Themen wird Laschet in allen drei Tageszeitungen übereinstimmend negativ bewertet.

Unterschiede zwischen den Medien können zum einen bezüglich Laschets Kanzlerkandidatur und Nominierung festgestellt werden: Während die *SZ* (M = -0,24; SD = 0,98) und die *Welt* den Unions-Kandidaten dahingehend überwiegend negativ bewerten, sind die Tendenzen der wertenden Aussagen in der *Bild* in diesem Kontext leicht positiv (M = 0,07; SD = 1,02). Außerdem ist im Kontext des Machtkampfs zwischen Laschet und Söder zu sehen, dass die SZ Laschet hier als einziges Medium überwiegend negativ bewertet (M = -0,33; SD = 0,96), während ihm die anderen beiden Zeitungen hierbei insgesamt positiv gegenüber stehen.

Abbildung 15: Thematischer Kontext der wertenden Aussagen über Laschet im Vergleich der drei Medien

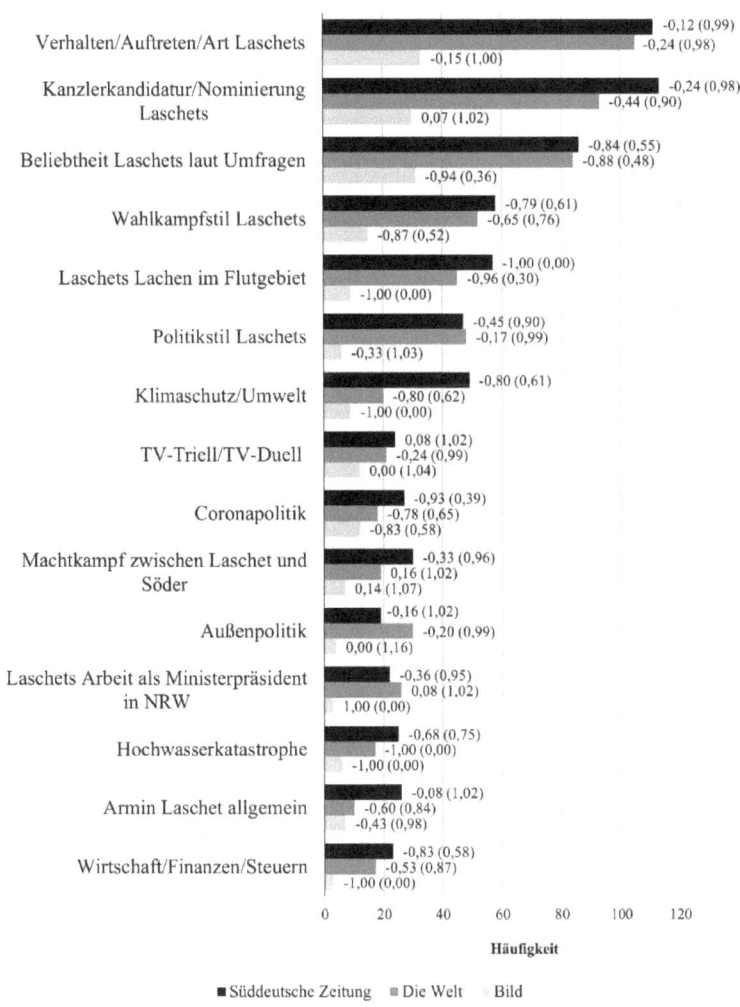

Quelle: Eigene Darstellung. Mittelwerte (Standardabweichungen in Klammern) für die Tendenz der wertenden Aussagen über Laschet auf einer Skala von -1 (negativ) bis 1 (positiv) beim jeweiligen thematischen Kontext. Abgebildet sind die 15 häufigsten Themen aller wertenden Aussagen über Armin Laschet. Pro Aussage wurde nur ein thematischer Kontext codiert. n = 1.857

Thematischer Kontext der Bewertungen Scholz'

Olaf Scholz wird, insgesamt betrachtet, ebenfalls am häufigsten in Bezug auf sein Verhalten, sein Auftreten und seine Art bewertet (vgl. Abbildung 17). Hierbei ist festzustellen, dass *SZ* und *Welt* ihn diesbezüglich nahezu neutral bewerten, während der SPD-Kandidat in diesem Kontext bei der *Bild* auffallend schlecht abschneidet (M = -0,52; SD = 0,87). Zusätzlich wird Scholz in diesem Kontext bei der *Bild*-Zeitung, gemessen an ihren thematischen Kontexten der anderen wertenden Aussagen, vergleichsweise häufig bewertet. Dazu passt die redaktionelle Linie der *Bild*, die Scholz als einzige Zeitung negativ gegenüber steht (vgl. Kapitel 6.3). Ausschließlich negativ und zudem übereinstimmend in allen drei Zeitungen wird Scholz bei Themen rund um innere Sicherheit/Justiz/Verteidigung sowie im Kontext des Cum-Ex-Steuerskandals bewertet. Auch in Bezug auf den Wirecard-Skandal schneidet Scholz in allen drei Tageszeitungen deutlich negativ ab.

Besonders positiv wird der damalige Finanzminister sowohl von der *SZ* (M = 0,74; SD = 0,68) als auch der *Welt* (M = 0,75; SD = 0,67) und der *Bild* (M = 1,00; SD = 0,00) im Kontext seiner Beliebtheit laut Umfragen hervorgehoben – hierin besteht ein großer Unterschied zu Laschet und Baerbock. Mit Blick auf die TV-Trielle wird Scholz von der *Süddeutschen Zeitung* und der *Welt* ebenfalls überwiegend positiv bewertet, von der *Bild* wiederum jedoch deutlich negativ (M = -0,67; SD = 0,82). Im Kontext seines Politikstils wird Scholz in der *Bild* ebenfalls deutlich negativer bewertet als in den anderen Zeitungen. Darüber hinaus lässt sich feststellen, dass die *Bild* den SPD-Kandidaten ausschließlich negativ und zudem auffallend häufig im Zuge der Coronapolitik beurteilt (M = -1,00; SD = 0,00). Im Vergleich dazu erwähnen *SZ* und *Welt* Scholz im Corona-Kontext deutlich seltener.

Abbildung 16: Thematischer Kontext der wertenden Aussagen über Scholz im Vergleich der drei Medien

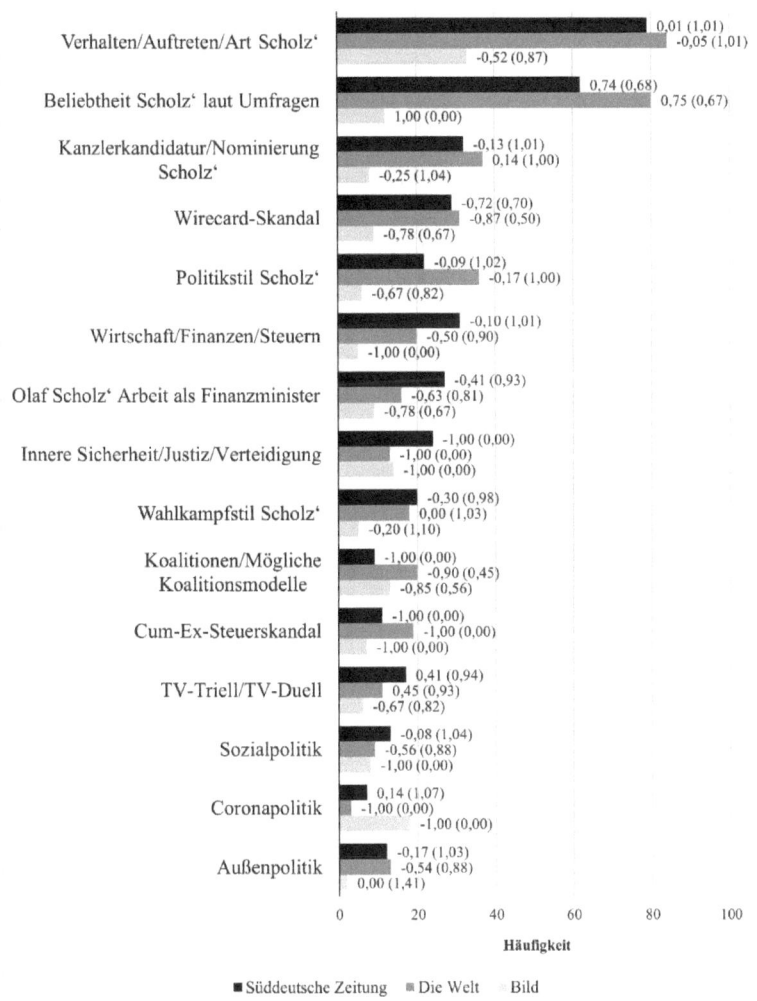

Quelle: Eigene Darstellung. Mittelwerte (Standardabweichungen in Klammern) für die Tendenz der wertenden Aussagen über Scholz auf einer Skala von -1 (negativ) bis 1 (positiv) beim jeweiligen thematischen Kontext. Abgebildet sind die 15 häufigsten Themen aller wertenden Aussagen über Olaf Scholz. Pro Aussage wurde nur ein thematischer Kontext codiert. n = 1.128

Thematischer Kontext der Bewertungen Baerbocks

Bei wertenden Aussagen über Annalena Baerbock stehen in der Berichterstattung die Plagiatsvorwürfe sowie die Diskussionen rund um ihren Lebenslauf im Vordergrund (vgl. Abbildung 18). Im Kontext der Plagiatsvorwürfe wird Baerbock in allen drei Zeitungen fast ausschließlich negativ bewertet, am häufigsten und am negativsten jedoch in der *Welt* (M = -1,00; SD = 0,00). Besonders häufig (n = 120) und fast ausschließlich negativ wird die Grünen-Kandidatin ebenfalls in der *Welt* bezüglich ihres Lebenslaufs bewertet (M = -0,98; SD = 0,18), in diesem Kontext wird Baerbock am negativsten von der konservativen *Bild* beurteilt (M = -1,00; SD = 0,00). Auch mit Bezug auf ihr Verhalten äußert sich die *Welt* mit Abstand am häufigsten und tritt zudem als schärfster Kritiker der Kandidatin in diesem Kontext auf. Dazu passt die sehr negative redaktionelle Linie der konservativen Tageszeitung gegenüber Baerbock (vgl. Kapitel 6.3). Was die Nachmeldung ihrer Nebeneinkünfte betrifft, wird die grüne Politikerin in allen drei Tageszeitungen übereinstimmend negativ beurteilt.

Darüber hinaus fällt auf, dass sich die *Süddeutsche Zeitung* in den oben genannten Kontexten – Plagiat, Lebenslauf sowie Verhalten – zwar ebenfalls überwiegend negativ über Baerbock äußert, diese Themen jedoch verhältnismäßig deutlich seltener erwähnt, was zur gemäßigteren redaktionellen Linie der *SZ* passt. Zudem ist festzustellen, dass in der *Welt* und der *Bild* bei allen thematischen Kontexten Baerbocks die negativen Aussagen über die Kandidatin überwiegen. Einzig die *SZ* steht der Spitzenkandidatin etwas gemäßigter gegenüber: Mit Bezug auf ihre Kanzlerkandidatur wird sie in der *SZ* neutral bewertet, im Hinblick auf ihr Auftreten in Medien (M = 0,09; SD = 1,04) sowie ihre allgemeine Beliebtheit (M = 0,38; SD = 0,96) leicht positiv.

Insgesamt betrachtet lassen sich in den drei Zeitungen vereinzelt Hinweise für eine instrumentelle Aktualisierung von Themen erkennen. Mit Blick auf die Berichterstattung über Laschet können keine gravierenden Unterschiede zwischen den Medien festgestellt werden. Die thematischen Kontexte und jeweiligen Tendenzen sind im Vergleich der Zeitungen bei Laschet relativ ähnlich (vgl. Abbildung 16). Mit Blick auf Olaf Scholz wiederum sind Hinweise auf eine instrumentelle Aktualisierung von Themen zu finden: Die *Bild*, deren redaktionelle Linie Scholz als einzige kritisch gegenüber steht, bewertet ihn auffallend häufig und zudem überwiegend negativ im Kontext seines Verhaltens und der Coronapolitik. Scholz' Politikstil und sein Auftreten im TV-Triell bewertet die *Bild* zudem deutlich negativer als die anderen Medien (vgl. Abbildung 17).

Auch bei Baerbock lassen sich Hinweise auf eine instrumentelle Aktualisierung einzelner Themen erkennen: So bewertet die *SZ*, die Baerbock insgesamt noch am positivsten gegenüber steht, verhältnismäßig selten im Kontext der Plagiatsvorwürfe, des Lebenslaufs und des Verhaltens Baerbocks – allesamt Themen, bei denen die Kandidatin in den Medien schlecht abschneidet. Zudem beurteilt die *SZ* die Grünen-Kandidatin als einziges Medium in einzelnen thematischen Kontexten sogar überwiegend positiv. Die *Welt* wiederum berichtet, passend zu ihrer eigenen Sicht auf Baerbock, erheblich negativ und vergleichsweise häufig über die Themen Plagiatsvorwürfe, Lebenslauf, Verhalten und Kanzlerkandidatur (vgl. Abbildung 18).

Abbildung 17: Thematischer Kontext der wertenden Aussagen über Baerbock im Vergleich der drei Medien

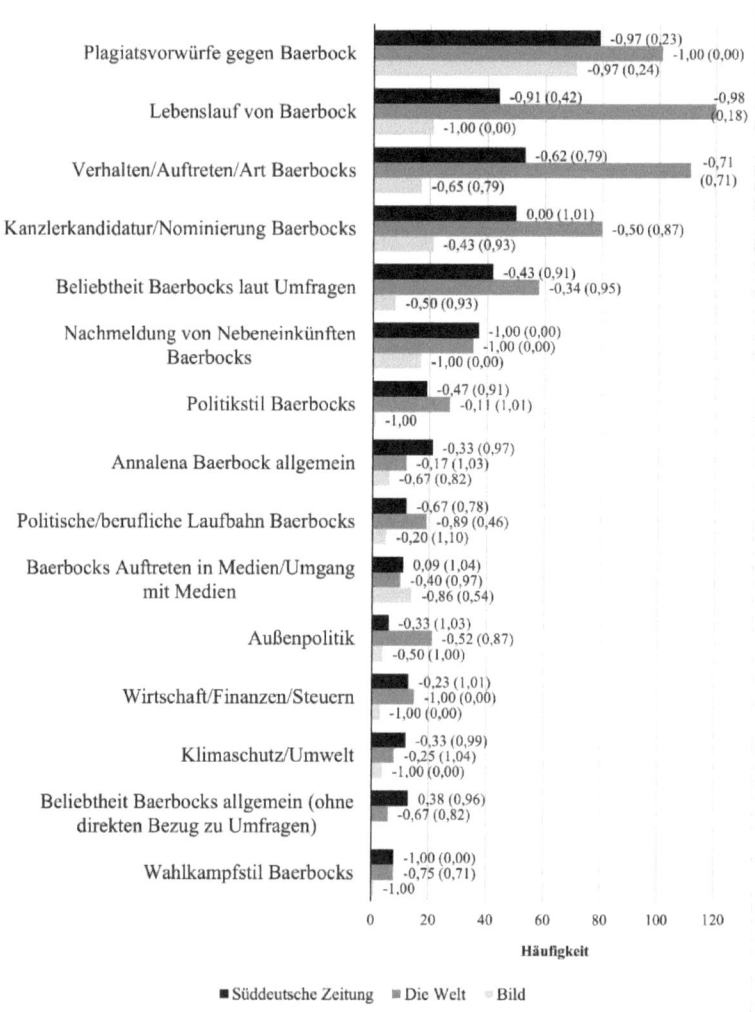

Quelle: Eigene Darstellung. Mittelwerte (Standardabweichungen in Klammern) für die Tendenz der wertenden Aussagen über Baerbock auf einer Skala von -1 (negativ) bis 1 (positiv) beim jeweiligen thematischen Kontext. Abgebildet sind die 15 häufigsten Themen aller Aussagen über Annalena Baerbock. Pro Aussage wurde nur ein thematischer Kontext codiert. n = 1.128

6.5 Einsatz opportuner Zeugen in der Presseberichterstattung

Abschließend wird untersucht, wie die zentralen Akteure in der Berichterstattung der drei Tageszeitungen die Kanzlerkandidaten bewerten. Hierzu werden die Urheber der wertenden Aussagen über die Kandidaten und deren mittlere Tendenzen betrachtet. Dadurch soll außerdem analysiert werden, ob die Journalisten der Printmedien zur Unterstützung ihrer redaktionellen Linie ‚opportune Zeugen' in der Berichterstattung zu Wort kommen lassen. Unter dem Einsatz opportuner Zeugen wird das gezielte Zitieren externer Quellen durch Journalisten verstanden, um somit die redaktionseigenen Positionen zu stärken (vgl. Kapitel 3.2).

Abbildung 19 zeigt, wie Laschet, Scholz und Baerbock in den drei Tageszeitungen jeweils von Journalisten (x-Achse) und zitierten externen Akteuren (y-Achse) bewertet werden. Dabei werden die mittleren Tendenzen je Zeitung und je Kandidat jeweils gegenübergestellt. Die mittleren Bewertungen der Journalisten werden als redaktionelle Linie, die eine Zeitung zu den jeweiligen Kandidaten besitzt, verstanden (vgl. Kapitel 6.3). In Abbildung 19 wird deutlich, dass die mittleren Bewertungen zitierter Quellen in den Zeitungen allesamt einen negativen Tenor gegenüber den Politikern aufweisen. Das gilt auch für die redaktionellen Linien der Medien, lediglich die *SZ* und die *Welt* bilden zwei Ausnahmen: Die mittleren Tendenzen journalistischer Aussagen über Olaf Scholz sind in beiden Medien leicht positiv, obwohl die externen Akteure Scholz sowohl in der *SZ* (M = -0,37; SD =0,93) als auch in der *Welt* (M = -0,41; SD = 0,91) überwiegend negativ bewerten. Diese Diskrepanz spricht in diesem Fall gegen einen Einsatz von opportunen Zeugen. Sehr negativ wird Scholz von zitierten Quellen in der *Bild* (M = -0,69; SD = 0,73) bewertet, was zur entsprechenden redaktionellen Linie der Zeitung passt.

Mit Blick auf Laschet zeigt sich, dass die Bewertungen zitierter Quellen – analog zu den redaktionelle Linien – überwiegend negativ sind und relativ nah beieinander liegen. Am schlechtesten schneidet Laschet bei den zitierten Akteuren in der *SZ* ab (M = -0,43; SD = 0,90), passend zur redaktionellen Linie der

Zeitung. Bei den zitierten Aussagen über Laschet lässt sich in ihrer graduellen Abstufung jedoch keine eindeutige Synchronisation zu den redaktionellen Linien feststellen. Insgesamt am negativsten fallen die mittleren Bewertungen zitierter Akteure in der *Bild* gegenüber Baerbock aus (M = -0,76; SD = 0,66). Auch hierbei passen die Bewertungen externer Quellen zur redaktionellen Grundhaltung der *Bild*. Mit Blick auf die grüne Spitzenkandidatin lässt sich, über alle drei Zeitungen hinweg, die stärkste Synchronisation zwischen redaktioneller Linie und den Bewertungen zitierter Quellen feststellen. Je negativer die journalistischen Aussagen gegenüber Baerbock in einer Tageszeitung sind, desto negativer fallen die jeweiligen Bewertungen zitierter Quellen in der Berichterstattung aus.

Abbildung 18: Mittlere Bewertung der Kandidaten durch Journalisten und zitierte Quellen in den drei Medien

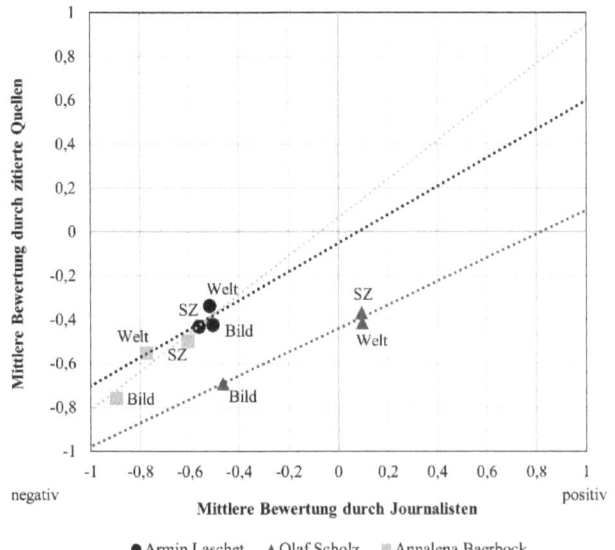

Quelle: Eigene Darstellung. Grundlage sind die codierten wertenden Aussagen (N = 4.372) über die Kanzlerkandidaten. Abgebildet sind die mittleren Tendenzen für Journalisten und zitierte Quellen auf einer Skala von -1 (negativ) bis 1 (positiv). Regressionsgerade für Laschet: $y = 0{,}6511x - 0{,}0521$; $R^2 = .13$; Regressionsgerade für Scholz: $y = 0{,}5387x - 0{,}4412$; $R^2 = .98$; Regressionsgerade für Baerbock: $y = 0{,}8785x + 0{,}0655$; $R^2 = .85$

Urheber zitierter Aussagen über Laschet

Im Folgenden wird betrachtet, welche Urheber von den Zeitungen möglicherweise als opportune Zeugen in der Berichterstattung über die Kandidaten eingesetzt werden. Abbildung 20 veranschaulicht, wie häufig sich die jeweiligen Akteure in den Medien über Laschet äußern und wie sie den Unions-Kandidaten dabei im Mittel bewerten. Insgesamt betrachtet werden mit Bezug auf Laschet am häufigsten CDU-Politiker zitiert. In der *SZ*, deren Journalisten den Kandidaten am negativsten bewerten, wird Laschet dabei aus den eigenen Reihen sogar überwiegend kritisiert ($M = -0{,}05$; $SD = 1{,}01$), während die *Welt* und die *Bild* mehrheitlich positive Aussagen dieser Urhebergruppe auswählen. Darüber hinaus berichtet die *SZ* auffallend häufig (n = 118) überwiegend negative Aussagen (*M* = -0,42; *SD* = 0,91) der CSU über Laschet. Zwar wird er von seiner Schwesterpartei auch in den beiden anderen Zeitungen deutlich kritisiert, jedoch kommen Äußerungen der CSU in deren Berichterstattung wesentlich seltener vor. Andere Journalisten, die nicht der eigenen Redaktion der jeweiligen Zeitung angehören, bewerten Laschet am häufigsten und am negativsten in der *Welt* (*M* = -0,84; *SD* = 0,55). Aus den Reihen der gegnerischen Parteien erhält Laschet erwartungsgemäß überwiegend negative Kritik – eine Ausnahme bildet jedoch die FDP. Deren Mitglieder bewerten Laschet in allen drei Medien überwiegend positiv bzw. neutral. Möglicherweise ist dies auch ein Zeichen dafür, dass die FDP eine Koalition mit Laschets Union bevorzugt hätte.

Abbildung 19: Urheber der wertenden Aussagen über Laschet im Vergleich der drei Medien

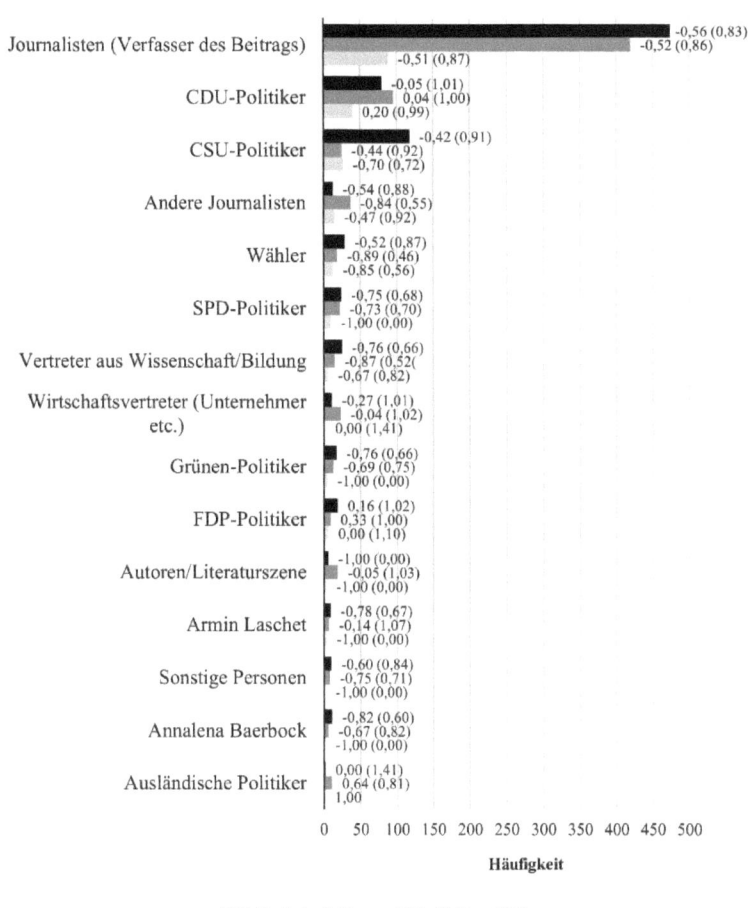

Quelle: Eigene Darstellung. Mittelwerte (Standardabweichungen in Klammern) für die Tendenz der wertenden Aussagen über Laschet auf einer Skala von -1 (negativ) bis 1 (positiv) durch die jeweiligen Urheber. Abgebildet sind die 15 häufigsten Urheber aller wertenden Aussagen über Armin Laschet. n = 1.857

Urheber zitierter Aussagen über Scholz

In Abbildung 21 ist aufgeführt, wie häufig und mit welcher mittleren Tendenz sich die Akteure in den Medien über Scholz äußern. Insgesamt betrachtet werden – analog zur Berichterstattung über Laschet – mit Bezug auf Scholz ebenfalls CDU-Politiker am häufigsten zitiert. Diese kritisieren den SPD-Kandidaten in allen drei Zeitungen sehr stark und sogar ausschließlich negativ in der *Bild* (M = -1,00; SD = 0,00). Erwartungsgemäß wird Scholz von seinen Parteigenossen überwiegend positiv bewertet. Eines ist hierbei jedoch auffällig: Die *Bild* scheint Aussagen von SPD-Politikern zu vernachlässigen und zitiert diese vergleichsweise äußerst selten (n = 3), während *SZ* (n = 29) und *Welt* (n = 30) Zitate dieser Urhebergruppe wesentlich häufiger anführen.

Im Gegensatz dazu zitiert die *Bild* externe Journalisten verhältnismäßig oft und berichtet dabei überwiegend negative Bewertungen von Scholz (M = -0,52; SD = 0,87). Außerdem fällt auf, dass die *Bild* ausschließlich negative Aussagen von Vertretern aus Wissenschaft und Bildungseinrichtungen über den Kandidaten berichtet, während die anderen beiden Zeitungen überwiegend positive Bewertungen von Scholz aus dieser Urhebergruppe zitieren.

Abbildung 20: Urheber der wertenden Aussagen über Scholz im Vergleich der drei Medien

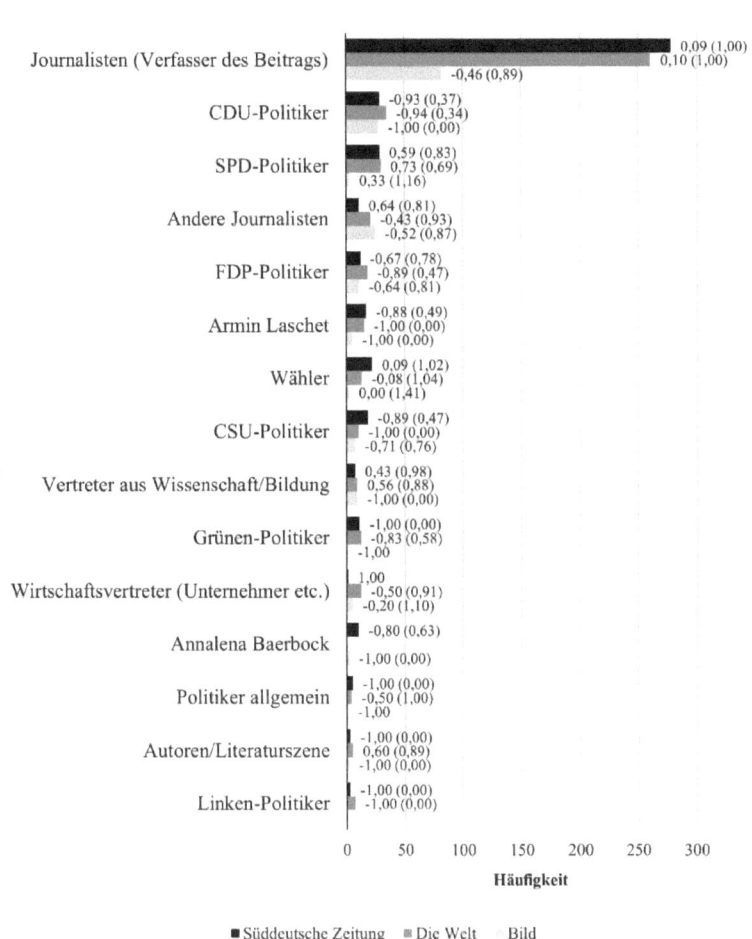

Quelle: Eigene Darstellung. Mittelwerte (Standardabweichungen in Klammern) für die Tendenz der wertenden Aussagen über Scholz auf einer Skala von -1 (negativ) bis 1 (positiv) durch die jeweiligen Urheber. Abgebildet sind die 15 häufigsten Urheber aller wertenden Aussagen über Olaf Scholz. n = 1.128

Urheber zitierter Aussagen über Baerbock

Abbildung 22 veranschaulicht, wie häufig sich die jeweiligen Akteure in den Medien über Baerbock äußern und wie sie die grüne Spitzenkandidatin dabei im Mittel bewerten. Insgesamt betrachtet wird Baerbock verhältnismäßig deutlich seltener als die anderen Kandidaten von zitierten Quellen in den Tageszeitungen bewertet. Zur Interpretation und Einordnung der Aussagen zitierter Urheber über Baerbock muss deshalb die teilweise relativ geringe Fallzahl bedacht werden.

In Summe wird die Kanzlerkandidatin am häufigsten von externen Journalisten bewertet, gefolgt von Politikern der Grünen. Von Journalisten anderer Medien wird Baerbock dabei am schlechtesten in der *Bild*-Zeitung bewertet (M = -0,57; SD = 0,84). Mit Blick auf zitierte Aussagen von Mitgliedern ihrer eigenen Partei fällt auf, dass sie von diesen in der *Welt* und der *SZ* überwiegend positiv beurteilt wird, während die *Bild* wiederum sehr negative Aussagen der Grünen über Baerbock auswählt (M = -0,86; SD = 0,54). Außerdem lässt sich feststellen, dass die *SZ* als einzige Zeitung mehrheitlich positive Aussagen von Wirtschaftsvertretern (M = 0,54; SD = 0,88) über die grüne Spitzenkandidatin zitiert. In den anderen beiden Medien wird sie von dieser Urhebergruppe negativ beurteilt.

Im Allgemeinen lassen sich vereinzelt Hinweise auf den Einsatz opportuner Zeugen erkennen. Diese können insbesondere bei der Berichterstattung der *Bild* über Scholz, deren negative redaktionelle Linie sich stark von jenen der *SZ* und der *Welt*, die leicht positiv sind, unterscheidet, festgestellt werden. Zum einen fällt bei der *Bild* auf, dass diese scheinbar bewusst selten Aussagen von SPD-Politikern über Scholz zitiert, deren Grundhaltung gegenüber dem Kanzlerkandidaten erwartungsgemäß positiv ist und somit nicht zur redaktionellen Linie der *Bild* passt. Zum anderen berichtet die *Bild*, dem ersten Konstruktionsprinzip opportuner Zeugen (vgl. Kapitel 3.2) folgend, vergleichsweise viele negative Bewertungen von Scholz, die von externen Journalisten stammen. Gleiches gilt für die Urhebergruppe der Wissenschaftler, bei denen die *Bild* ebenfalls besonders negative Aussagen über Scholz selektiert –

passend zu ihrer negativen Grundhaltung zum SPD-Kandidaten. Mit Blick auf Baerbock lässt sich feststellen, dass die *Bild* überwiegend negative Aussagen der Grünen über Baerbock berichtet. Das ist nicht zuletzt deshalb auffällig, da Baerbock von ihren eigenen Parteianhängern in der *SZ* und der *Welt* wiederum erwartungsgemäß positiv beurteilt wird. Vermutlich haben Journalisten der *Bild* hierbei, dem ersten Konstruktionsprinzip folgend, Politiker der Grünen als opportune Zeugen eingesetzt, deren Aussagen zur eigenen negativen Linie passen. Die *SZ* wiederum, die Baerbock vergleichsweise am unkritischsten gegenüber steht, hat Wirtschaftsvertreter mit positiven Aussagen über Baerbock möglicherweise als opportune Zeugen eingesetzt.

Bei Armin Laschet lassen sich mit Blick auf zitierte Quellen keine eindeutigen Hinweise auf den Einsatz opportuner Zeugen feststellen – was allerdings auch nicht verwundert, schließlich sind die redaktionellen Linien der drei Medien gegenüber Laschet nahezu identisch. Fast alle mittleren Bewertungen Laschets durch die jeweiligen Urhebergruppen unterscheiden sich im Vergleich der drei Medien in ihrer Grundtendenz nicht voneinander, mit Ausnahme der CDU-Politiker und der Wirtschaftsvertreter. Hierbei sind die Unterschiede zwischen den Medien aber nur marginal. Auch die Verteilungen der zentralen Urhebergruppen auf die drei Zeitungen ist verhältnismäßig relativ ähnlich. Lediglich die CSU-Politiker, die Laschet überwiegend kritisch sehen, werden auffällig häufig von der *SZ* zitiert. Hierin kann allenfalls ein schwacher Hinweis auf den Einsatz opportuner Zeugen gesehen werden.

Abbildung 21: Urheber der wertenden Aussagen über Baerbock im Vergleich der drei Medien

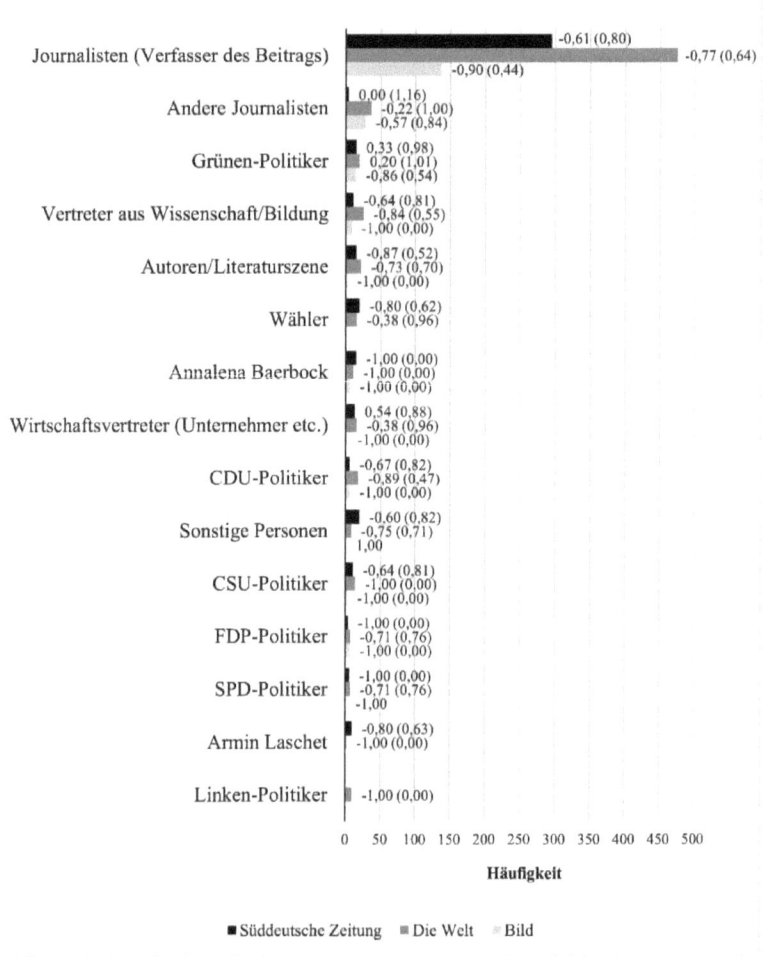

Quelle: Eigene Darstellung. Mittelwerte (Standardabweichungen in Klammern) für die Tendenz der wertenden Aussagen über Baerbock auf einer Skala von -1 (negativ) bis 1 (positiv) durch die jeweiligen Urheber. Abgebildet sind die 15 häufigsten Urheber aller wertenden Aussagen über Annalena Baerbock. n = 1.387

7 Fazit

Im folgenden Kapitel werden die zentralen Ergebnisse der vorliegenden Studie zusammengefasst und mit Blick auf die eingangs formulierte Leitfrage diskutiert. Im Anschluss daran erfolgt eine Betrachtung von Stärken und Limitationen der durchgeführten Untersuchung. Abschließend wird ein Ausblick auf mögliche methodische und inhaltliche Erweiterungen der Analyse sowie zukünftige Forschungsvorhaben gegeben.

7.1 Zusammenfassung & Diskussion der wichtigsten Ergebnisse

Die Presseberichterstattung über die Kanzlerkandidaten während des Bundestagswahlkampfs 2021 wurde mit fünf Forschungsfragen analysiert, die in Kapitel 1.2 erläutert wurden. Sie haben zum Ziel, die unterschiedlichen Aspekte der Berichterstattung zu untersuchen, welche herangezogen werden, um die übergeordnete Leitfrage zu beantworten: *Wie berichten die deutschen Tageszeitungen Süddeutsche Zeitung (SZ), Die Welt und Bild über die Kanzlerkandidaten Armin Laschet, Olaf Scholz und Annalena Baerbock während des Bundestagswahlkampfs 2021?* Im Folgenden werden die wichtigsten Ergebnisse der Inhaltsanalyse dargestellt.

Formale Eigenschaften und Präsenz der Kandidaten

Mit Forschungsfrage 1 wurden die formalen Eigenschaften der Berichterstattung und die Präsenz der Kandidaten in den Medien untersucht. Die Tageszeitungen berichten in großem Umfang über die Kandidaten: Insgesamt werden die Politiker in 2.012 Beiträgen erwähnt, im Schnitt enthalten die Artikel dabei mehr als zwei wertende Aussagen pro Beitrag. Im Verlauf des Wahlkampfs kann mit steigender Anzahl der Beiträge größtenteils parallel auch eine steigende Anzahl wertender Aussagen festgestellt werden. Einzelne Berichterstattungshöhepunkte werden insbesondere unmittelbar nach zentralen Ereignissen rund um das Wahlkampfgeschehen registriert. Mit dem näher rückenden Wahltermin steigt auch der

Berichterstattungsumfang. Wie Leidecker-Sandmann & Wilke (2019) bereits für die Wahl 2017 feststellten, liegt der Höhepunkt der Presseberichterstattung auch 2021 kurz vor der Wahl und unmittelbar nach dem TV-Duell (bzw. TV-Triell). Den größten Anteil der Beiträge über die Kandidaten veröffentlichen die Zeitungen im Politikressort, gefolgt vom Wirtschafts- und Finanzressort. Dabei dominieren die tatsachenbetonten Darstellungsformen Bericht und Nachricht, auch Kommentare, Glossen und Leitartikel machen einen großen Anteil der Artikel aus. Das impliziert, dass viele Bewertungen der Kandidaten auch in tatsachenbetonten Beiträgen stattfinden. Erstmals trat kein Amtsinhaber zu einer Bundestagswahl an – ein Amtsbonus, wie er schon oft in der Wahlkampfberichterstattung gemessen wurde, entfiel deshalb. Insgesamt betrachtet verzeichnet Armin Laschet die stärkste Präsenz in den drei Tageszeitungen, gefolgt von Annalena Baerbock und Olaf Scholz. Eine hohe Präsenz muss aber nicht zwangsläufig von Vorteil sein, was sich bei der Analyse der Bewertungen zeigte – zumindest kam Laschet in den Medien deutlich negativer weg als Gegenkandidat Scholz, der am seltensten in der Berichterstattung erwähnt wird.

Themen

Forschungsfrage 2 beschäftigt sich mit den Themen der Presseberichterstattung. Den Schwerpunkt in der *SZ*, der *Welt* und der *Bild* bilden Beiträge zur Wahl bzw. zum Wahlkampf selbst. Das stellen Leidecker-Sandmann & Wilke (2019) in ihrer Langzeitstudie auch für alle vorangegangenen Bundestagswahlen fest. Unter den Top 3 der Themen befinden sich außerdem die Wirtschafts-, Finanz- und Steuerpolitik sowie die Außenpolitik. Eingangs wurde die Corona-Pandemie als eine Besonderheit des Wahlkampfs 2021 hervorgehoben und vermutet, dass sich dieses Thema auch in der Berichterstattung niederschlägt. Mit der Inhaltsanalyse konnte das bestätigt werden: Insgesamt ist die Coronapolitik vierthäufigstes Thema der Berichterstattung und spielt auch in Verbindung mit den einzelnen Kandidaten eine Rolle. Sowohl bei Laschet als auch bei Scholz landet die Corona-Krise unter den 15 häufigsten Themen der Aussagen über die beiden Kandidaten. Betrachtet man die Themen näher, mit denen die jeweiligen Kandidaten in der Berichterstattung in Verbindung gebracht werden, fällt auf, dass weniger sachpolitische Themen, sondern vielmehr persönlichere Themen dominieren. Sowohl Laschet als auch Scholz werden am häufigsten mit Bezug auf ihr Verhalten, ihre Umfragewerte und ihre Kanzlerkandidatur bewertet. Annalena Baerbock wiederum wird vor allem im Zusammenhang mit Plagiatsvorwürfen zu ihrem Buch und Kritik an ihrem Lebenslauf erwähnt. Sachpolitische Themen wie der Klima- und Umweltschutz, eigentlich eines der zentralen Themen der Grünen, spielen bei ihr eine wesentlich geringere Rolle in den Medien.

Interessant ist hierbei, dass Olaf Scholz mit Wirecard und Cum-Ex eigentlich in Skandale von erheblich größerer Dimension verwickelt war – diese Themen jedoch, im Verhältnis zu Baerbocks Fehltritten, eine wesentlich kleinere Rolle in der Berichterstattung spielen. Woran könnte das liegen? Einerseits ist denkbar, dass die komplexen Skandale um Wirecard und Cum-Ex-Geschäfte für viele Rezipienten wesentlich schwieriger zu verstehen sind als plagiierte Buchinhalte oder ungenaue Lebensläufe und deshalb von den Medien wesentlich seltener aufgegriffen werden. Andererseits ist vorstellbar, dass es mit der Person Annalena Baerbock an sich zu tun hat: Die erste grüne Kanzlerkandidatin, die jüngste Kandidatin in der Geschichte der Bundesrepublik und dazu noch die monatelangen Spekulationen um ihre Nominierung – möglicherweise wurde ihr auch deshalb mehr Aufmerksamkeit zuteil.

Bewertungen der Kandidaten

Mit Forschungsfrage 3 wurde untersucht, wie die Kandidaten in den drei Tageszeitungen beurteilt werden. Insgesamt ist festzustellen, dass sie sowohl auf Ebene der Beiträge als auch in den Aussagen überwiegend negativ bewertet werden. Einen negativen Überhang der Aussagen über Kandidaten stellen auch Leidecker-Sandmann (2019) seit den 80er Jahren in ihrer Langzeitstudie zur Wahlkampfberichterstattung fest. Sowohl beim Gesamttenor der Artikel als auch bei den Tendenzen der Aussagen schneidet Olaf Scholz vergleichsweise am besten ab. Wesentlich negativer wird Laschet bewertet, am schlechtesten schneidet jedoch Baerbock ab.

Betrachtet man die Entwicklung der mittleren Tendenzen der Aussagen im Zeitverlauf, fällt auf, dass Laschet und Baerbock vor allem in den Sommermonaten in der Berichterstattung an Zustimmung verlieren, während Scholz im Hochsommer als einziger Kandidat überwiegend positive Bewertungen erhält. Einzelne negative Tiefpunkte lassen sich bei Laschet und Baerbock zeitlich mitunter an einzelnen Ereignissen mit Bezug auf die Kandidaten festmachen – so wurde Laschet im Juli vermutlich sein Lachen im Flutgebiet zum Verhängnis, bei Baerbock häuften sich verschiedene Vorwürfe gegen sie. Vergleicht man die Bewertungen in den Medien mit Wahlumfragen, fällt auf: Während die SPD in der Sonntagsfrage zur Bundestagswahl 2021 im Juli, August und September beständig zulegte, gingen die Umfragewerte von Union und Grünen in diesen Monaten fast kontinuierlich zurück (Infratest dimap, 2021). Eine interessante Parallele, womit sich die Frage stellt, ob sich diese Entwicklungen womöglich gegenseitig beeinflussen.

Die meisten Aussagen über Laschet beziehen sich auf seine persönlichen Eigenschaften, gefolgt von Bewertungen hinsichtlich seiner politischen Themenkompetenz. Vergleichsweise häufig werden außerdem seine Führungsqualitäten bewertet, was vermutlich auch im Zusammenhang mit dem Führungsstreit in der Union steht. Besonders häufig und sehr negativ werden Scholz und Baerbock in den drei Tageszeitungen hinsichtlich ihrer Integrität bewertet. Das hat sicherlich mit den Finanzskandalen (Scholz) und Vorwürfen zu Lebenslauf, Buchplagiaten und Nebeneinkünften (Baerbock) zu tun – allesamt Themen, in deren Kontext die Glaubwürdigkeit der Kandidaten in Frage gestellt wird. Scholz ist jedoch auch der einzige Kandidat, der bei zwei Bewertungsdimensionen positiv abschneidet – den Führungsqualitäten sowie den Umfrage- und Wahlaussichten.

Die redaktionelle Linie gegenüber Laschet fällt in allen drei Tageszeitungen überwiegend negativ aus und ist dabei zudem nahezu identisch. Größere Unterschiede zwischen den redaktionellen Linien gibt es wiederum in Bezug auf Baerbock. Die Journalisten der *Bild* treten als ihre schärfsten Kritiker auf. Auch in der *SZ* und der *Welt* wird Baerbock von den Journalisten überwiegend negativ und deutlich schlechter als Laschet und Scholz bewertet. Olaf

Scholz erfährt in der *SZ* und der *Welt* als einziger Kandidat überwiegend positive Bewertungen der Redaktion. Von Journalisten der *Bild* hingegen wird auch Scholz überwiegend negativ bewertet, besser jedoch als Laschet und auch als Baerbock. Teilweise passen die redaktionellen Linien der Tageszeitungen somit auch zu ihrer jeweiligen politischen Ausrichtung (vgl. Kapitel 6.3).

Instrumentelle Aktualisierung von Themen

Forschungsfrage 4 beschäftigt sich damit, ob bestimmte Themen von den Tageszeitungen zur Unterstützung der eigenen Sicht auf die Kandidaten instrumentell eingesetzt werden. Insgesamt lassen sich einzelne Hinweise auf eine instrumentelle Aktualisierung erkennen. Die thematischen Kontexte und jeweiligen mittleren Tendenzen sind bei Laschet im Vergleich der drei Tageszeitungen relativ ähnlich, so wie auch die redaktionellen Linien zum Unions-Kandidaten nahezu identisch sind. Mit Bezug auf den Unions-Kandidaten kann kein instrumenteller Einsatz von Themen festgestellt werden. Bei Scholz wiederum sind Hinweise auf eine instrumentelle Aktualisierung von Themen in der *Bild* zu finden. Ihre redaktionelle Linie fällt gegenüber Scholz als einzige Linie negativ aus, was die *Bild* durch den Einsatz bestimmter Themen unterstützt.

Zudem lassen sich insbesondere mit Blick auf Baerbock Hinweise auf eine instrumentelle Aktualisierung erkennen. Bei der Grünen-Kandidatin scheinen die *SZ* und die *Welt* ihre redaktionellen Linien durch entsprechende Themen in der Berichterstattung zu stärken. Generell ist mit Blick auf Baerbock auffällig, welch große Rolle ihre besonders negativ konnotierten Themen (Plagiatsvorwürfe etc.) in der Berichterstattung, besonders in der *Welt,* spielen. Vergleicht man die Präsenz dieser Themen in den Medien mit jenen, die im Bezug auf Laschet und Scholz besonders negativ behaftet sind (z. B. Lachen im Flutgebiet oder Wirecard-Skandal), fällt auf, wie stark Baerbocks negativ konnotierte Themen in der Berichterstattung hochgespielt werden.

Opportune Zeugen

Abschließend wurde mit Forschungsfrage 5 untersucht, ob die Tageszeitungen zur Unterstützung ihrer redaktionellen Linie ‚opportune Zeugen' in der Berichterstattung einsetzen. Bei der Berichterstattung über Annalena Baerbock lässt sich, über alle drei Zeitungen hinweg, die stärkste Synchronisation zwischen redaktioneller Line und den Bewertungen zitierter Akteure feststellen. Je negativer die journalistischen Aussagen gegenüber Baerbock in einer Tageszeitung sind, desto negativer fallen die jeweiligen Bewertungen zitierter Quellen in der Berichterstattung aus. Insgesamt betrachtet lassen sich zumindest vereinzelt Hinweise auf den Einsatz opportuner Zeugen erkennen, insbesondere bei der *Bild*-Zeitung. Zum einen scheinen die Journalisten der *Bild* bei ihrer Berichterstattung über Scholz vereinzelt die beiden Konstruktionsmechanismen opportuner Zeugen anzuwenden, um ihre negative Linie gegenüber Scholz zu untermauern. Auch mit Blick auf Baerbock lassen sich Hinweise erkennen, die vermuten lassen, dass die *Bild* ihre Sicht auf Baerbock durch die bewusste Auswahl negativer Aussagen bestimmter Akteure bekräftigt. Analog zur instrumentellen Aktualisierung können mit Bezug auf Laschet keine Hinweise auf den Einsatz opportuner Zeugen in der Berichterstattung erkannt werden.

Im Allgemeinen sind einzelne Indizien für den bewussten Einsatz verschiedener Urheber durchaus erkennbar. Bei der Interpretation der Urheber von Aussagen müssen jedoch die teilweise sehr geringen Häufigkeiten bedacht werden.

7.2 Kritische Würdigung: Stärken & Limitationen der Arbeit

Im Hinblick auf das Untersuchungsziel der Arbeit kann zunächst festgehalten werden, dass sich die methodische Entscheidung für eine Vollerhebung ausgezahlt hat. Die Ereignislage während des Wahlkampfs, die sich auch in der Pressberichterstattung widerspiegelt, konnte somit auch im Rahmen der durchgeführten Inhaltsanalyse ausführlich erfasst werden. So wurde vermieden, wichtige Ereignisse oder Themen im Laufe des

Wahlkampfgeschehens zu vernachlässigen, welche im Rahmen einer Zufallsauswahl möglicherweise nicht in die Analyse mit einfließen und Ergebnisse verzerren würden. Die Entwicklung der Darstellung der Kandidaten in den Tageszeitungen konnte dadurch umfassend nachvollzogen werden. In dieser Hinsicht hat sich außerdem bewährt, einen entsprechend langen Untersuchungszeitraum zu wählen. Durch diese Entscheidungen konnten aussagekräftige Ergebnisse zu den verschiedenen Aspekten der Berichterstattung über die Kandidaten erzielt werden, die allesamt dazu beitrugen, die Leitfrage zu beantworten.

Weiterhin hat sich die Auswahl des Untersuchungsmaterials bewährt. Ziel war es hierbei, mit der *SZ*, der *Welt* und der *Bild* reichweitenstarke Leitmedien mit möglichst unterschiedlichen politischen Ausrichtungen auszuwählen. Das ist gelungen, was beispielsweise an den redaktionellen Linien der Tageszeitungen gegenüber den Kandidaten zu sehen ist. Positiv resümierend bleibt außerdem festzuhalten, dass die Gestaltung der Kategorien im Codebuch gelungen ist. Insbesondere die Themen- und Urheber-Kategorien wurden mit allen wesentlichen Ausprägungen versehen, die es ermöglichten, die Berichterstattung über die Kandidaten auf Artikel- und Aussagenebene inhaltlich umfassend zu analysieren.

Hieran anknüpfend muss beachtet werden, dass ausschließlich wertende Aussagen über Scholz, Laschet und Baerbock und keine neutralen Äußerungen über die Kandidaten erfasst wurden. Hinsichtlich der vorliegenden Arbeit hatte dies praktische Gründe – zusätzlich neutrale Aussagen zu untersuchen, hätte einen erheblichen Mehraufwand für die Codierung bedeutet. Bei der Analyse geht dadurch aber ein Teil der kandidatenbezogenen Inhalte der Berichterstattung verloren. Auswirkungen hat dies beispielsweise auf die Untersuchung der instrumentellen Aktualisierung von Themen, da diese somit nicht ganzheitlich analysiert werden kann. Für eine noch detailliertere Untersuchung müssten neutrale Aussagen ebenfalls miteinbezogen werden.

Generell ist die Identifikation und Einordnung wertender Aussagen ein komplexer Vorgang, bei der das individuelle Urteilsvermögen des Codierers besonders gefragt ist (Rössler, 2017, S. 154

f.). Aufgrund der großen Menge an Beiträgen und zahlreichen, unterschiedlichen und komplexen Themen in der Berichterstattung während des Wahlkampfs können einzelne Fehleinschätzungen des Forschers deshalb nicht komplett ausgeschlossen werden. Um dem entgegenzuwirken sowie eine intersubjektive Nachvollziehbarkeit zu gewährleisten, wurde das Codebuch deshalb detailliert und verständlich aufgebaut sowie mit entsprechenden Codieranweisungen versehen. Die Ergebnisse des Reliabilitätstests (vgl. Kapitel 5.6) sind insgesamt zufriedenstellend.

Um ein noch umfassenderes Bild der Presseberichterstattung zu erhalten, hätte das Untersuchungsmaterial noch erweitert werden müssen. So hätten insbesondere die überregionalen Qualitätszeitungen *FAZ*, *Frankfurter Rundschau* und *taz* noch in das Sample aufgenommen werden können. Auch weitere Printmedien wären für die Untersuchung denkbar gewesen, um die Ergebnisse der vorliegenden Studie nicht nur auf die drei analysierten Tageszeitungen zurückzuführen. Aus praktischen Gründen mussten hierbei jedoch Einschränkungen vorgenommen werden.

7.3 Ausblick

Die Analyse der Pressberichterstattung über die Kanzlerkandidaten im Bundestagswahlkampf 2021 zeigt, dass Laschet, Scholz und Baerbock eine große Aufmerksamkeit in den Tageszeitungen zuteil wird. Die Ereignislage während des Wahlkampfs spiegelt sich dabei auch in der Berichterstattung wider. Von den Akteuren in der Berichterstattung werden die Kandidaten insgesamt überwiegend kritisch betrachtet, auch wenn sich die Bewertungen dabei je nach Zeitung, Kandidat, Thema und Phase des Wahlkampfs unterscheiden.

Inhaltlich lässt sich die durchgeführte Studie um einige Aspekte erweitern. So wäre eine zusätzliche Analyse der Visualisierung der Kandidaten in den Tageszeitungen sinnvoll, um zu untersuchen, welche Bildsprache die Medien im Bezug auf die jeweiligen Kandidaten wählen. Weiterhin könnte die Platzierung der Kandidaten innerhalb der Beiträge erfasst werden: Werden sie an prominenten Stellen wie Überschrift und Vorspann genannt oder lediglich im Text erwähnt? Darüber hinaus wäre eine zusätzliche Analyse neutraler Aussagen über die Kandidaten (vgl. Kapitel 7.2) denkbar. Wie oben ebenfalls erwähnt, ließe sich das Untersuchungsmaterial außerdem auf weitere Printmedien sowie zusätzlich auf Onlinemedien ausweiten. So könnten beispielsweise auch meinungsstarke Nachrichtenmagazine miteinbezogen werden.

Methodisch könnte an die Arbeit angeknüpft werden, indem in weiteren Studien neben der Analyse von Bewertungen der Kandidaten in den Medien zusätzlich die Analyse von Wahlumfragen hinzugezogen wird. Wirken sich Umfragen zu Parteien und Kandidaten im Wahlkampf 2021 auf die Berichterstattung über Laschet, Scholz und Baerbock aus? Oder ist es genau andersherum – nimmt die Berichterstattung Einfluss auf die Entwicklung der Umfragewerte? Darüber hinaus wäre es denkbar, die durchgeführte empirische Inhaltsanalyse um eine quantitative oder qualitative Befragung der Bürger zu ergänzen und das Forschungsdesign damit auf weitere zentrale Bestandteile des Wahlkampfdreiecks (vgl. Kapitel 4) auszuweiten. Was denken die Wähler über die Kandidaten? Wie beurteilen sie deren Handeln, Eigenschaften und Fähigkeiten? Welche Themen sind den Wählern im Wahlkampf wichtig? Somit könnte die mit der vorliegenden Studie untersuchte Medienperspektive bezüglich der Kanzlerkandidaten mit der Rezipientenperspektive verglichen werden. Dadurch könnte außerdem festgestellt werden, welchen Einfluss die Kandidatenimages der Medien auf die Wahrnehmung der Wähler haben.

Die diskutierten Aspekte zeigen, dass die vorliegende Arbeit zahlreiche methodische und inhaltliche Anknüpfungspunkte bietet. Dies gilt nicht nur für weitere Untersuchungen der Berichterstattung zum ganz besonderen Bundestagswahlkampf 2021, sondern auch für alle weiteren Bundestagswahlen, die in Zukunft folgen werden.

Literaturverzeichnis

Agma (2022). Reichweite der überregionalen Tageszeitungen in Deutschland laut ma 2022 Pressemedien II. Arbeitsgemeinschaft Media-Analyse e.v. Verfügbar unter https://de.statista.com/statistik/daten/studie/74862/umfrage/reichweite-ueberregionaler-tageszeitungen/ (17.02.2023).

Bachl, M. & Vögele, C. (2013). Guttenbergs Zeugen? Eine Replikation und Erweiterung von Hagens (1992) „Die opportunen Zeugen" anhand der Berichterstattung über Karl-Theodor zu Guttenberg im Kontext der Plagiatsaffäre. *Medien & Kommunikationswissenschaft, 61*(3), 345-367.

BDZV (2022). Marktdaten. Bundesverband Digitalpublisher und Zeitungsverleger e.v. Verfügbar unter https://www.bdzv.de/alle-themen/marktdaten (16.02.2023).

Beck, K. (2013). Lasswell-Formel. In G. Bentele, H.-B. Brosius & O. Jarren (Hrsg.), *Studienbücher zur Kommunikations- und Medienwissenschaft. Lexikon Kommunikations- und Medienwissenschaft* (S. 182). Wiesbaden: VS.

Beck, K. (2013). Massenkommunikation. In G. Bentele, H.-B. Brosius & O. Jarren (Hrsg.), *Studienbücher zur Kommunikations- und Medienwissenschaft. Lexikon Kommunikations- und Medienwissenschaft* (S. 196-197). Wiesbaden: VS.

Beck, K. (2013). Medien. In G. Bentele, H.-B. Brosius & O. Jarren (Hrsg.), *Studienbücher zur Kommunikations- und Medienwissenschaft. Lexikon Kommunikations- und Medienwissenschaft* (S. 201-202). Wiesbaden: VS.

Berens, H. (2001). *Prozesse der Thematisierung in publizistischen Konflikten.* Wiesbaden: Westdeutscher Verlag.

Blum, R. (2005). Politikjournalismus. In S. Weischenberg, H. J. Kleinsteuber & B. Pörksen (Hrsg.), *Handbuch Journalismus und Medien* (S. 346–348). Konstanz: UVK Verlagsgesellschaft.

Boomgarden, H. G. & Semetko, H. A. (2007). Duell Mann gegen Frau?! Geschlechterrollen und Kanzlerkandidaten in der Wahlkampfberichterstattung. In F. Brettschneider, O. Niedermayer & B. Weßels (Hrsg.), *Die Bundestagswahl 2005. Analysen des Wahlkampfes und der Wahlergebnisse* (S. 171-196). Wiesbaden: VS.

Brettschneider, F. (2021). Wahlkampf: Funktionen, Instrumente und Wirkungen. *Bürger & Staat, 71*(3), 141-147.

Brettschneider, F. (2020). Wahlentscheidung. In I. Borucki et al. (Hrsg.), *Handbuch Politische Kommunikation,* (S. 1-14). Wiesbaden: Springer.

Brettschneider, F. (2014). Massenmedien und Wählerverhalten. In J. W. Falter & H. Schoen (Hrsg.), *Handbuch Wahlforschung* (S. 625-657). Wiesbaden: VS.

Brettschneider, F. (2005). Bundestagswahlkampf und Medienberichterstattung. *Aus Politik und Zeitgeschichte*, (51–52), 19–26.

Brettschneider, F. (2002*). Spitzenkandidaten und Wahlerfolg. Personalisierung – Kompetenz - Parteien. Ein internationaler Vergleich*. Wiesbaden: Westdeutscher Verlag.

Brettschneider, F., Güllner, M. & Matuschek, P. (2021). *Bundestagswahl 2021: Wahlkampf, Stimmungen, Meinungen. Eine gemeinsame Panel-Studie von forsa und der Universität Hohenheim*. Universität Hohenheim. Verfügbar unter https://www.uni-hohenheim.de/fileadmin/user_upload/Bundestagswahl_2021_Welle_1.pdf (10.10.2022).

Brettschneider, F., Wagner, B. (2008). „And the winner should be…" Explizite und implizite Wahlempfehlungen in der *Bild-Zeitung* und der *Sun*. In: B. Pfetsch & S. Adam (Hrsg.), *Massenmedien als politische Akteure* (S. 225-244). Wiesbaden: VS.

Brinker, Klaus (2014). *Linguistische Textanalyse. Eine Einführung in Grundbegriffe und Methoden* (8. Aufl.). Berlin: Erich Schmidt Verlag.

Burkart, R. (2021). *Kommunikationswissenschaft. Grundlagen und Problemfelder einer interdisziplinären Sozialwissenschaft* (6. Auflage). Wien: Böhlau Verlag.

Cohen, B. C. (1963). *The Press and Foreign Policy*. Princeton: Princeton University Press.

Fengler, S. & Vestring, B. (2009). *Politikjournalismus*. Wiesbaden: VS.

Forschungsgruppe Wahlen (2021). Politbarometer September I 2021. Forschungsgruppe Wahlen. Verfügbar unter https://www.forschungsgruppe.de/Umfragen/Politbarometer/Archiv/Politbarometer_2021/September_I_2021/ (04.02.2023).

Frenzel, K. (2021, 15.06.). Olaf Scholz als Kanzlerkandidat „Er ist ein absoluter Kämpfer". Verfügbar unter https://www.deutschlandfunkkultur.de/olaf-scholz-als-kanzlerkandidat-er-ist-ein-absoluter-100.html (16.03.2023).

Früh, W. (2017). *Inhaltsanalyse: Theorie und Praxis* (9. Aufl.). Konstanz: UVK.

Greive, M. & Hildebrand, J. (2021, 06.09.). Vermögensteuer, Klimainvestitionen, Aktienrente: Was von möglichen Koalitionen zu erwarten wäre. Handelsblatt Online. Verfügbar unter https://www.handelsblatt.com/politik/deutschland/bundestagswahl-2021-vermoegensteuer-klimainvestitionen-aktienrente-was-von-moeglichen-koalitionen-zu-erwarten-waere/27585882.html (06.02.2023).

Hagen, L. M. (1992). Die opportunen Zeugen. Konstruktionsmechanismen von Bias in der Zeitungsberichterstattung über die Volkszählungsdiskussion. *Publizistik, 37*(4), 444-460.

Hausen, M. (2021). Bundestagswahl 2021. Parteien, Trends und Themen am Ende der Ära Merkel. *Bürger & Staat, 71(3)*, 90-91.

Infratest dimap (2021). Sonntagsfrage Bundestagswahl. Infratest dimap. Verfügbar unter https://www.infratest-dimap.de/umfragen-analysen/bundesweit/sonntagsfrage/ (06.02.2023).

IVW (2023, 23.01.). IVW 4/2022: So hoch ist die "Harte Auflage" wirklich. Informationsgemeinschaft zur Feststellung der Verbreitung von Werbeträgern e. V. Verfügbar unter https://www.dwdl.de/zahlenzentrale/91453/ivw_42022_so_hoch_ist_die_harte_auflage_wirklich/page_21.html (16.02.2023).

Jandura, O. & Brosius, H. B. (2011). Wer liest sie (noch)? Das Publikum der Qualitätszeitungen. In R. Blum, H. Bonfadelli, K. Imhof & O. Jarren (Hrsg.), *Krise der Leuchttürme öffentlicher Kommunikation: Vergangenheit und Zukunft der Qualitätsmedien* (S. 195-206). Wiesbaden: VS.

Jarren, O. & Vogel, M. (2011). „Leitmedien" als Qualitätsmedien. Theoretisches Konzept und Indikatoren. In R. Blum, H. Bonfadelli, K. Imhof & O. Jarren (Hrsg.), *Krise der Leuchttürme öffentlicher Kommunikation: Vergangenheit und Zukunft der Qualitätsmedien* (S. 17-29). Wiesbaden: VS.

Kahn, K. F., & Goldenberg, E. N. (1991). Women candidates in the news: An examination of gender differences in U.S. Senate campaign coverage. *Public Opinion Quarterly, 55*, 180–199.

Kepplinger, H. M. (2011). Theorien der Nachrichtenauswahl als Theorien der Realität. In H. M. Kepplinger (Hrsg.), *Realitätskonstruktionen* (S. 47-65). Wiesbaden: VS.

Kepplinger, H. M. (2009). *Publizistische Konflikte und Skandale*. Wiesbaden: VS Verlag.

Kepplinger, H. M. (1989). Instrumentelle Aktualisierung. In M. Kaase, & W. Schulz (Hrsg.), *Massenkommunikation. Theorien, Methoden, Befunde* (S. 199-220). Opladen: Westdeutscher Verlag.

Klasen, O. (2021, 27.09.). SPD stärkste Kraft, CDU und CSU mit historisch schlechten Ergebnissen. Süddeutsche.de. Verfügbar unter https://www.sueddeutsche.de/politik/bundestagswahl-ergebnisse-spd-cdu-1.5422934 (08.02.2023).

Klein, M. W. & Maccobby, N. (1954). Newspaper Objectivity in the 1952 Campaign. *Journalism Quarterly, 31*, 285–296.

Koch, T. & Holtz-Bacha, C. (2008). Der Merkel-Faktor – Die Berichterstattung der Printmedien über Merkel und Schröder im Bundestagswahlkampf 2005. *Frauen, Politik und Medien* (49-71). Wiesbaden: VS.

Korte, K.-R. (2021). Bundestagswahlkampf in Zeiten der Pandemie. *Aus Politik und Zeitgeschichte, 71*(47–49), 17–23.

Künzler, M. (2013). Leitmedien. Begriff, Forschungsstand, Forschungspotenzial. In Bentele, G., Brosius, H. & Jarren, O. (Hrsg.), *Lexikon Kommunikations- und Medienwissenschaft* (S. 183-184). Wiesbaden: VS.

Kubicek, H., Schmid, U. & Wagner, H. (1997). Bürgerinformation durch neue Medien? Analysen und Fallstudien zur Etablierung elektronischer Informationssysteme im Alltag. Opladen: Westdeutscher Verlag.

Leidecker-Sandmann, M., & Wilke, J. (2019). Aus dem Rahmen fallend oder „middle of the road"? Die Presseberichterstattung zur Bundestagswahl 2017 im Langzeitvergleich. In C. Holtz-Bacha (Hrsg.), *Die (Massen-)Medien im Wahlkampf. Die Bundestagswahl 2017* (S. 209-249). Wiesbaden: VS.

Leidecker, M., & Wilke, J. (2015). Langweilig, wieso langweilig? Die Presseberichterstattung zur Bundestagswahl 2013 im Langzeitvergleich. In C. Holtz-Bacha (Hrsg.), *Die Massenmedien im Wahlkampf. Die Bundestagswahl 2013* (S. 145-172). Wiesbaden: VS.

Maletzke, G. (1963). *Psychologie der Massenkommunikation. Theorie und Systematik*. Hamburg: Hans-Bredow-Institut.

Mast, C. (2012). *ABC des Journalismus. Ein Handbuch (12. Auflage)*. Konstanz: UVK Verlagsgesellschaft.

McCombs, M. E. & Shaw, D. F. (1972). The Agenda-Setting Function of Mass Media. *Public Opinion Quarterly, 36*, 176–187.

Media Tenor (2022). Ranking der meistzitierten nationalen und internationalen Medien in Deutschland nach der Anzahl der Zitate von Januar bis Dezember 2022. Media Tenor. Verfügbar unter https://de.statista.com/statistik/daten/studie/169706/umfrage/die-meistzitierten-medien-in-deutschland/ (17.02.2023).

Media Tenor (Hrsg.) (2007). *Codebuch Profile 2007* (unveröffentlichtes Codebuch). Bonn: Media Tenor.

Neverla, I. (1998). Das Medium denken. Zur sozialen Konstruktion des Netz-Mediums. In I. Neverla (Hrsg.), *Das Netz-Medium. Kommunikationswissenschaftliche Aspekte eines Mediums in Entwicklung* (S. 17-35). Opladen: Westdeutscher Verlag.

Pürer, H. (2014). *Publizistik- und Kommunikationswissenschaft* (2. Auflage). Konstanz: UVK Verlagsgesellschaft.

Raabe, J. (2013). Boulevardpresse. In G. Bentele, H.-B. Brosius & O. Jarren (Hrsg.), *Studienbücher zur Kommunikations- und Medienwissenschaft. Lexikon Kommunikations- und Medienwissenschaft* (S. 33-34). Wiesbaden: VS.

Raabe, J. (2013). Qualitätszeitungen. In G. Bentele, H.-B. Brosius & O. Jarren (Hrsg.), *Studienbücher zur Kommunikations- und Medienwissenschaft. Lexikon Kommunikations- und Medienwissenschaft* (S. 288). Wiesbaden: VS.

Raabe, J. (2013). Tageszeitung. In G. Bentele, H.-B. Brosius & O. Jarren (Hrsg.), *Studienbücher zur Kommunikations- und Medienwissenschaft. Lexikon Kommunikations- und Medienwissenschaft* (S. 335-336). Wiesbaden: VS.

Reuter, S. & Ripperger, A.-L. (2021, 20.04.). Söder unterstützt Laschets Kanzlerkandidatur. FAZ.NET. Verfügbar unter https://www.faz.net/aktuell/politik/inland/laschet-wird-kanzlerkandidat-der-union-soeder-akzeptiert-cdu-wahl-17302644.html (04.02.2023).

Rössler, Patrick (2017). *Inhaltsanalyse* (3. Aufl.). Konstanz: UVK Verlagsgesellschaft mbH.

Rössler, P. (2011). *Skalenhandbuch Kommunikationswissenschaft*. Wiesbaden: Springer.

Scheufele, B. (2016). *Priming (1. Auflage)*. Baden-Baden: Nomos-Verlag.

Schmerl, C. (2002). "Tais-toi et sois belle!" 20 Jahre Geschlechterinszenierung in fünf westdeutschen Printmedien. *Publizistik, 47*, 388–411.

Schulz, W. (2011). *Politische Kommunikation. Theoretische Ansätze und Ergebnisse empirischer Forschung*. Wiesbaden: VS.

Schweiger, W. (2015, 27. Oktober). *Einführung in die Kommunikationswissenschaft*. Vorlesungsreihe im Bachelorstudiengang Kommunikationswissenschaft. Stuttgart: Universität Hohenheim.

Staab, J. F. (1990). *Nachrichtenwert-Theorie: formale Struktur und empirischer Gehalt*. Freiburg & München: Karl Alber.

Staudt, A. & Schmitt-Beck, R. (2019). Nutzung traditioneller und neuer politischer Informationsquellen im Bundestagswahlkampf 2017. In S. Roßteutscher et al. (Hrsg.), *Zwischen Polarisierung und Beharrung: Die Bundestagswahl 2017* (S. 63-79). Baden-Baden: Nomos.

Steffen, T. (2021, 19.04.). Grüne nominieren Annalena Baerbock als Kanzlerkandidatin. Zeit Online. Verfügbar unter https://www.zeit.de/politik/deutschland/2021-04/gruene-nominieren-annalena-baerbock-als-kanzlerkandidatin (04.02.2023).

Stumvoll, M. (2019). *Codebuch zur Analyse der Berichterstattung über Mesut Özil im Zuge seines Fotos mit dem türkischen Staatspräsidenten Erdogan* (unveröffentlichtes Codebuch). Stuttgart: Universität Hohenheim.

Süddeutsche.de (2021, 27.09.) SPD gewinnt Bundestagswahl vor Union. Süddeutsche.de. Verfügbar unter https://www.sueddeutsche.de/politik/wahlen-spd-gewinnt-bundestagswahl-vor-union-dpa.urn-newsml-dpa-com-20090101-210926-99-360635 (06.02.2023).

Tagesschau.de (2021, 15.10.). Bundestagswahl 2021. Tagesschau.de. Verfügbar unter https://www.tagesschau.de/wahl/archiv/2021-09-26-BT-DE/index.shtml (06.02.2023).

Vögele, C. (2011). *Codebuch zur Analyse der Berichterstattung über Karl-Theodor zu Guttenberg im Zuge der Plagiatsaffäre* (unveröffentlichtes Codebuch). Stuttgart: Universität Hohenheim.

Wagner, B. (2007). „Bild – unabhängig, überparteilich"? Die Wahlberichterstattung der erfolgreichsten Boulevardzeitung Deutschlands. In F. Brettschneider, O. Niedermayer & B. Weßels (Hrsg.), *Die Bundestagswahl 2005. Analysen des Wahlkampfes und der Wahlergebnisse* (S. 147-170). Wiesbaden: VS.

Wilke, J. (2009). Presse. In E. Noelle-Neumann, W. Schulz & J. Wilke (Hrsg.), *Fischer-Lexikon Publizistik Massenkommunikation* (S. 459-500) Frankfurt a. M.: Fischer.

Wilke, J. (2000). Kanzler-Kandidaten in der Wahlkampfberichterstattung 1949-1994: Skizze eines Forschungsprojekts. In H. Bohrmann et al. (Hrsg.), *Wahlen und Politikvermittlung durch Massenmedien* (S. 79-89). Wiesbaden: Westdeutscher Verlag.

Wilke, J. (1999). Leitmedien und Zielgruppenorgane. *Mediengeschichte der Bundesrepublik Deutschland, 361*, 62-70.

Wilke, J., & Leidecker, M. (2010). Ein Wahlkampf, der keiner war? Die Presseberichterstattung zur Bundestagswahl 2009 im Langzeitvergleich. In C. Holtz-Bacha (Hrsg.), *Die Massenmedien im Wahlkampf. Das Wahljahr 2009* (S. 339–372). Wiesbaden: Springer VS.

Wilke, J., & Reinemann, C. (2006). Die Normalisierung des Sonderfalls. Die Wahlkampfberichterstattung der Presse 2005 im Langzeitvergleich. In C. Holtz-Bacha (Hrsg.), *Die Massenmedien im Wahlkampf. Die Bundestagswahl 2005* (S. 306–337). Wiesbaden: VS.

Wilke, J., & Reinemann, C. (2003). Die Bundestagswahl 2002: Ein Sonderfall. In C. Holtz-Bacha (Hrsg.), *Die Massenmedien im Wahlkampf. Die Bundestagswahl 2002* (S. 29–56). Wiesbaden: VS.

Wilke, J. & Reinemann, C. (2000). *Kanzlerkandidaten in der Wahlkampfberichterstattung. Eine vergleichende Studie zu den Bundestagswahlen 1949-1998*. Köln: Böhlau.

Zaller, J. R. (1992). *The Nature and Origins of Mass Opinion*. Cambridge: Cambridge University Press.

Zdf.de (2021, 08.12.). Scholz als neunter Bundeskanzler vereidigt. Zdf.de. Verfügbar unter https://www.zdf.de/nachrichten/politik/olaf-scholz-bundeskanzler-ampel-100.html (06.02.2023).

Anhang: Codebuch

Codebuch zur Analyse der deutschen Presseberichterstattung über die Kanzlerkandidaten während des Bundestagswahlkampfs 2021

1. Untersuchungszeitraum und Untersuchungsmaterial

Untersuchungszeitraum: 21. April 2021 – 26. September 2021

Der Untersuchungszeitraum beginnt am 21. April 2021 (zwei Tage nach Nominierung des Kanzlerkandidaten der Union, Armin Laschet) und endet am 26. September 2021 (Wahltermin der Bundestagswahl).

Untersuchungsmaterial: Bundesausgaben der drei überregionalen Tageszeitungen *Süddeutsche Zeitung (SZ)*, *Die Welt* und *Bild*

Im angegebenen Untersuchungszeitraum wurde die Berichterstattung der drei überregionalen Tageszeitungen *Süddeutsche Zeitung (SZ)*, *Die Welt* und *Bild* untersucht. Für die Beschaffung des Untersuchungsmaterials wurden folgende Datenbanken verwendet: Das Süddeutsche Zeitung Archiv (archiv.szarchiv.de) für die *Süddeutsche Zeitung (SZ)*, die Fachdatenbank WISO (www.wiso-net.de) für *Die Welt* und Nexis (advance.lexis.com) für *Bild*. Die jeweiligen Datenbanken wurden mit folgender Suchanfrage durchsucht: „Laschet OR Scholz OR Baerbock". Mit der Verwendung der Suchoperatoren (*OR*) und der Verknüpfung der Suchbegriffe wurde sichergestellt, dass sämtliche Artikel gefunden werden, die mindestens einen – oder mehrere – der relevanten Suchbegriffe enthalten. Somit wurden alle Artikel im Untersuchungszeitraum identifiziert, in denen mindestens einer der zu untersuchenden Kanzlerkandidaten erwähnt wird.

2. Untersuchungseinheiten und allgemeine Codieranweisungen

a) Auswahleinheiten

1. Auswahleinheit: Tageszeitungen/Artikel

Untersucht wurden nur Artikel aus den folgenden drei überregionalen Tageszeitungen: *Süddeutsche Zeitung (SZ), Die Welt* und *Bild*.

2. Auswahleinheit: Inhaltliches Aufgreifkriterium

Es wurden nur diejenigen Artikel analysiert, die mindestens einen der zu untersuchenden Kanzlerkandidaten Armin Laschet, Olaf Scholz oder Annalena Baerbock erwähnen. Hierbei genügt es, dass der Familienname (z.B. „Scholz") erwähnt wird und dem jeweiligen Kanzlerkandidaten eindeutig zuzuordnen ist. Ein inhaltlicher Bezug zur Bundestagswahl muss im Artikel nicht zwingend hergestellt werden. Mit Ausnahme von Leserbriefen und Pressestimmen anderer Zeitungen – die keine redaktionelle Eigenleistung der untersuchten Medien darstellen – werden bezüglich der Darstellungsformen der Artikel und der Ressorts, in denen die Artikel veröffentlicht wurden, keine Einschränkungen vorgenommen.

3. Auswahleinheit: Wertende Aussagen über Armin Laschet, Olaf Scholz und Annalena Baerbock

Wertende Aussagen über Armin Laschet, Olaf Scholz und Annalena Baerbock stellen die dritte Auswahleinheit dar (vgl. 2. Analyseeinheit). Jeder Artikel wird auf das Vorkommen von wertenden Aussagen über die drei Kanzlerkandidaten untersucht, welche dann ggf. codiert werden. Es werden ausschließlich wertende Aussagen codiert, die sich auf Laschet, Scholz oder Baerbock beziehen.

b) Analyseeinheiten

1. Analyseeinheit: Artikel

Der Artikel stellt die erste, übergeordnete Analyseeinheit dar. Ein Artikel ist ein redaktioneller Text, der einer journalistischen Darstellungsform zuzuordnen ist, eine Überschrift besitzt und durch das Layout optisch eindeutig zu anderen Artikeln abgegrenzt ist (Vögele, 2011, S. 2).

2. Analyseeinheit: Wertende Aussagen über Armin Laschet, Olaf Scholz und Annalena Baerbock

Innerhalb der zu codierenden Artikel werden alle wertenden Aussagen über Laschet, Scholz und Baerbock codiert. Die wertenden Aussagen über die drei Kanzlerkandidaten stellen die zweite, detailliertere Analyseeinheit dar. Im Anschluss an die Codierung auf Artikelebene wird nur dann mit der Codierung auf Aussagenebene fortgefahren, wenn ein Artikel mindestens eine wertende Aussage über Laschet, Scholz oder Baerbock enthält. Eine wertende Aussage besteht immer aus vier Komponenten (Vögele, 2011, S. 2):

- **Aussageobjekt** *(hier: Laschet, Scholz oder Baerbock)*
- **Thematischer Kontext**
- **Tendenz**
- **Urheber**

Damit die Identifikation und Abgrenzung von einzelnen wertenden Aussagen gelingen, gilt: kommt es zu einem **Wechsel in einer der vier Komponenten** *Aussageobjekt, thematischer Kontext, Tendenz* oder *Urheber*, liegt eine neue wertende Aussage vor, woraufhin eine neue wertende Aussage zu codieren ist (vgl. Rössler, 2017, S. 169). Jede einzelne Aussage kann nur **EINE** eindeutige Bewertung enthalten. Unter dem **Aussageobjekt** wird der Akteur verstanden, auf den sich die wertende Aussage bezieht. Analysiert werden wertende Aussagen über Armin Laschet, Olaf Scholz und Annalena Baerbock. Somit ist das Aussageobjekt immer einer der drei

Kanzlerkandidaten selbst. Ihr Name muss dabei nicht zwangsläufig direkt genannt werden. Es genügt ebenso, wenn die jeweiligen Kanzlerkandidaten anhand einer eindeutig ihnen zuzuordnenden Bezeichnung (z.b. „Grünen-Spitzenkandidatin" oder „Finanzminister") erwähnt werden oder sich ein Personalpronomen eindeutig auf sie bezieht. Unter dem **thematischen Kontext** wird jener Sachverhalt verstanden, in dessen Kontext die jeweilige Aussage getroffen wird. Der thematische Kontext wird mithilfe der *Themenliste* erfasst. Eine wertende Aussage muss eine eindeutige **Tendenz** besitzen (vgl. d *Tendenz der Darstellung*). Abschließend ist der **Urheber** als vierte Komponente einer Aussage zu nennen. Der Urheber einer Aussage wird über die Urheberliste erfasst.

c) Kontexteinheit

Die Kontexteinheit stellt ein Hilfskonstrukt für den Codierer dar. Sie dient dazu, dass bei der Untersuchung zusätzliche, größere Kontexte herangezogen werden können, sodass Informationen richtig eingeordnet und interpretiert werden (vgl. Rössler, 2017, S. 45). Die Kontexteinheit für die Codierungen auf Artikelebene ist der gesamte Inhalt des jeweiligen Artikels. Für die Codierungen auf Aussagenebene ist die Kontexteinheit ebenfalls der gesamte Artikel, sodass Aussagen im Zweifelsfall korrekt interpretiert werden können. Vorsicht: Informationen, die weder zum allgemeinen Basiswissen gehören noch in den entsprechenden Artikeln erwähnt werden, dürfen zur Interpretation der Informationen nicht verwendet werden (Vögele, 2011, S. 3).

d) Tendenz der Darstellung

Unter der Tendenz wird eine eindeutig wertende Beschreibung eines dargestellten Akteurs (hier: Laschet, Scholz und Baerbock) oder eines Sachverhalts durch einen Urheber verstanden (Media Tenor, 2007, S.3). Eine Aussage muss eine klar erkennbare Tendenz besitzen, um als wertende Aussage codiert zu werden. Dabei bezieht sich eine **wertende Aussage** stets auf ein **Aussageobjekt**, welches im **Kontext eines bestimmten Themas** bewertet wird. Die wertende Aussage wird durch einen beliebigen **Urheber** (Journalist, Politiker etc.) getroffen.

Eine wertende Aussage kann auf zwei unterschiedliche Weisen getroffen werden:

Explizite (direkte) Wertung: Diese Form der Wertung ist anhand eindeutig wertender positiver oder negativer Begriffe erkennbar. Es werden zustimmende oder ablehnende Begriffe bzw. dem allgemeinen Sprachgebrauch nach eindeutig positive oder negative Begriffe verwendet, die Aufschluss über die Tendenz der Aussage geben (Media Tenor, 2007, S. 3). Beispiele: „Baerbock wäre eine *hervorragende* Bundeskanzlerin" (positiver Begriff = positive Bewertung der Akteurin Annalena Baerbock); „Im TV-Interview machte Olaf Scholz eine *unglückliche* Figur" (negativer Begriff = negative Bewertung des Akteurs Olaf Scholz).

Implizite (indirekte) Wertung: Diese Form der Wertung ist nicht direkt anhand wertender Begriffe erkennbar. Die implizite Wertung erfolgt „zwischen den Zeilen" (Rössler, 2017, S. 160). Der Akteur wird hierbei in einen positiven oder negativen thematischen Kontext eingebettet (Media Tenor, 2007, S. 3). Beispiel: Baerbock wird im Kontext von Verstößen gegen Regeln des wissenschaftlichen Arbeitens genannt (negativer Kontext = negative Bewertung der Akteurin Annalena Baerbock).

Nur Aussagen, die **eindeutig erkennbare Wertungen** enthalten, werden als wertende Aussagen codiert. Ist keine eindeutige Tendenz erkennbar, handelt es sich um keine wertende Aussage, dementsprechend wird die Aussage dann auch nicht codiert.

Vorsicht bei **ironischen Aussagen**: Hier wird, wenn eindeutig erkennbar, die eigentliche Wertung der Aussage codiert. Kann die eigentliche Aussage nicht eindeutig identifiziert werden, wird die Aussage nicht codiert (Vögele, 2011, S. 4).

3. Kategorien auf Artikelebene

A) Formale Kategorien auf Artikelebene

A_1: Medium:	
Hier wird eingetragen, welche Zeitung codiert wird.	
1	Süddeutsche Zeitung
2	Die Welt
3	Bild

A_2: Erscheinungsdatum des Artikels:
Hier wird das Erscheinungsdatum im Format MonatMonatTag-Tag eingetragen (z.B. 0701 für den 01. Juli 2021)
_____	Datum im Format MMTT

A_3: Seite:
Hier wird codiert, auf welcher Seite der Artikel erschienen ist. Die Seitenzahl wird als Zahl eingetragen (z.B. 05 für S. 5).
_____	##

A_4: Laufende Nummer des Artikels auf Seite:
Da nicht in allen Fällen die kompletten einzelnen Zeitungsseiten vorliegen, werden, wenn mehrere Artikel auf derselben Zeitungsseite erscheinen, die Artikel vom Codierer in der Reihenfolge ihrer Codierung durchnummeriert.
_____	##

A_5: Artikel-ID:	
Die Artikel-ID setzt sich zusammen aus Erscheinungsdatum-MediumSeiteLaufendeNummer (z.B. 0701Bild0401).	
_____	ErscheinungsdatumMediumSeiteLaufendeNummer

A_6: Ressort:	
Hier ist zu codieren, in welchem Ressort der Zeitung der Artikel erschienen ist. Je nach Zeitung unterscheiden sich die vorkommenden Ressorts und ihre Bezeichnungen. Die BILD-Zeitung besitzt keine Ressortangaben. Bei fehlender Ressortangabe oder bei Ressortangaben ohne konkrete inhaltliche Bezeichnung, werden die Artikel je nach Thema des Artikels den jeweiligen Ressorts zugeordnet (vgl. Vögele, S. 5).	
1	Politik
2	Wirtschaft/Finanzen
3	Sport
4	Medien
5	Kultur
6	Wissenschaft
7	Panorama/Vermischtes
8	Regionalteil
9	Sonstiges Ressort

A_7: Journalistische Darstellungsform des Artikels:

Hier ist die journalistische Darstellungsform des Artikels zu codieren.

1	**Nachricht/Meldung:** Die objektive Mitteilung eines allgemein interessierenden, aktuellen Sachverhaltes in einem bestimmten formalen Aufbau (z.B. Leadsatz, „W-Fragen", „Climax-First-Form"). Unter einer Meldung ist eine Kurz-Nachricht zu verstehen.
2	**(Hintergrund-) Bericht:** Der Bericht ist ähnlich aufgebaut wie eine Nachricht, aber länger. Ein Sachverhalt wird hierbei ausführlicher und tiefergehender behandelt; Hintergründe, Zusammenhänge und Konsequenzen werden aufgegriffen (Mast, 2012, S. 276).
3	**Reportage, Feature:** Die Reportage ist ein tatsachenbetonter aber persönlich gefärbter Erlebnisbericht über Geschehnisse. Das Feature bezeichnet eine besonders umfassend angelegte Mischform zwischen Reportage und Bericht. Es kann analytischen Charakter haben und meinungsäußernde Elemente enthalten.
4	**Kommentar, Glosse:** Meinungsbeitrag, der gekennzeichnet sein muss. Eine Glosse kann darüber hinaus übertreiben bzw. witzig oder ironisch sein (Mast, 2012, S. 303).
5	**Dokumentation:** Hierunter ist eine zumeist auf aktuelle Geschehnisse bezogene Darstellung von Originaldokumenten oder die Dokumentation chronologischer Abläufe der Geschehnisse zu verstehen.
6	**Interview:** Der Reporter/Autor stellt (bspw. einem Politiker) Fragen.
7	**Gastbeitrag/Kolumne:** Ein Beitrag, der von einem externen Autor verfasst ist, also nicht

| 8 | redaktionsintern entstanden ist. Kann z.B. von einem Gastautor oder einem Politiker stammen. Sonstige Darstellungsform |

(vgl. Media Tenor, 2007, S. 7)

A_8: Autor: Hier wird codiert, wer der Autor des Artikels ist.

| 1 | Journalist als Autor (wenn Name oder Kürzel angegeben ist; ist kein Name oder Kürzel angegeben, z.B. bei einer kurzen Meldung, wird auch Journalist als Autor codiert) |
| 2 | Gastschreiber als Autor |

(vgl. Vögele, 2011)

B) Inhaltliche Kategorien auf Artikelebene

B_1: Hauptthema des Artikels:

Hier ist anhand der Themenliste (siehe Variable D_4) zu codieren, welches Thema das **Hauptthema** des Artikels ist. Das Hauptthema ist das Thema, um das es im Artikel hauptsächlich geht. Dies wird zumeist schon in der Überschrift oder im ersten Absatz des Artikels deutlich. Wenn nach dieser ersten Einschätzung gleich mehrere Themen in Frage kommen, wird das Thema als Hauptthema codiert, das den größten Umfang (gemessen an Zeilen) einnimmt. Ist auch der Umfang der in Frage kommenden Themen gleich, wird das erstgenannte Thema als Hauptthema codiert (vgl. Vögele, 2011, S. 7).

| CODES | Siehe **Themenliste** |

B_2.1: Gesamttenor des Artikels gegenüber Armin Laschet:

Hier wird erfasst, welche Gesamttendenz der Bewertung Laschets im Artikel auszumachen ist. Wertungen auf Artikelebene: es wird der **Gesamttenor** des Artikels gegenüber Armin Laschet erfasst. Hier zählt der Gesamteindruck des Artikels. Grundlage der Erfassung des Gesamttenors sind die im Artikel vorkommenden Aussagen über Laschet: Es wird analysiert, ob ein Artikel in Summe mehr positive oder negative Aussagen enthält und welchen Umfang diese insgesamt einnehmen (Unterscheidung der Ausprägungen: vgl. Erläuterung *D_2 Tendenz*). Der Umfang, den die positiven bzw. negativen Aussagen einnehmen, kann jedoch auch vom Gesamttenor des Artikels abweichen. Ausschlaggebend ist der Gesamteindruck von Laschet, den der Artikel dem Leser vermittelt. Es kann nur eine mögliche Ausprägung codiert werden. Ist ein Artikel nicht eindeutig positiv oder negativ zu codieren oder kommen gar keine wertenden Aussagen über Laschet in ihm vor, wird die Ausprägung 0 codiert.

+2	Sehr positiv
+1	Positiv
0	Neutral/ambivalent
-1	Negativ
-2	Sehr negativ

B_2.2: Gesamttenor des Artikels gegenüber Olaf Scholz:

Hier wird erfasst, welche Gesamttendenz der Bewertung Scholz' im Artikel auszumachen ist. Wertungen auf Artikelebene: es wird der **Gesamttenor** des Artikels gegenüber Olaf Scholz erfasst. Hier zählt der Gesamteindruck des Artikels. Grundlage der Erfassung des Gesamttenors sind die im Artikel vorkommenden Aussagen über Scholz: Es wird analysiert, ob ein Artikel in Summe mehr positive oder negative Aussagen enthält und welchen Umfang diese insgesamt einnehmen (Unterscheidung der Ausprägungen: vgl. Erläuterung *D_2 Tendenz*). Der Umfang, den die positiven bzw. negativen Aussagen einnehmen, kann jedoch auch vom Gesamttenor des Artikels abweichen. Ausschlaggebend ist der Gesamteindruck von Scholz, den der Artikel dem Leser vermittelt. Es kann nur eine mögliche Ausprägung codiert werden. Ist ein Artikel nicht eindeutig positiv oder negativ zu codieren oder kommen gar keine wertenden Aussagen über Scholz in ihm vor, wird die Ausprägung 0 codiert.

+2	Sehr positiv
+1	Positiv
0	Neutral/ambivalent
-1	Negativ
-2	Sehr negativ

B_2.3: Gesamttenor des Artikels gegenüber Annalena Baerbock:

Hier wird erfasst, welche Gesamttendenz der Bewertung Baerbocks im Artikel auszumachen ist. Wertungen auf Artikelebene: es wird der **Gesamttenor** des Artikels gegenüber Annalena Baerbock erfasst. Hier zählt der Gesamteindruck des Artikels. Grundlage der Erfassung des Gesamttenors sind die im Artikel vorkommenden Aussagen über Baerbock: Es wird analysiert, ob ein Artikel in Summe mehr positive oder negative Aussagen enthält und welchen Umfang diese insgesamt einnehmen (Unterscheidung der Ausprägungen: vgl. Erläuterung *D_2 Tendenz*). Der Umfang, den die positiven bzw. negativen Aussagen einnehmen, kann jedoch auch vom Gesamttenor des Artikels abweichen. Ausschlaggebend ist der Gesamteindruck von Baerbock, den der Artikel dem Leser vermittelt. Es kann nur eine mögliche Ausprägung codiert werden. Ist ein Artikel nicht eindeutig positiv oder negativ zu codieren oder kommen gar keine wertenden Aussagen über Baerbock in ihm vor, wird die Ausprägung 0 codiert.

+2	Sehr positiv
+1	Positiv
0	Neutral/ambivalent
-1	Negativ
-2	Sehr negativ

Zugriffskriterium Aussagencodierung:

\multicolumn{2}{l}{B_3: Enthält der Artikel mindestens eine wertende Aussage über Armin Laschet, Olaf Scholz oder Annalena Baerbock?}
\multicolumn{2}{l}{Enthält der Artikel **mindestens eine wertende Aussage** über Laschet, Scholz oder Baerbock, wird mit der Codierung auf Aussagenebene **fortgefahren**. Enthält der Artikel **keine wertenden Aussagen** über Laschet, Scholz oder Baerbock, **endet** die Codierung an dieser Stelle. (Definition wertende Aussage: vgl. 2. *Analyseeinheit*).}
0	Nein → keine Aussagencodierung
1	Ja → weiter mit Aussagencodierung

4. Kategorien auf Aussagenebene

C) Formale Kategorien auf Aussagenebene

C_1: Artikel-ID:

Die Artikel-ID (siehe oben) eingeben.

_____	ErscheinungsdatumMediumSeiteLaufendeNummer

C_2: Laufende Nummer der Aussage:

Für die Aussagencodierung relevante Aussagen werden durchnummeriert. Die erste zu codierende Aussage im Artikel erhält die 001, die zweite die 002 usw.

_____	### (Nummer eintragen)

C_3: Aussagen-ID:

Die Aussagen-ID setzt sich zusammen aus Artikel-ID plus laufende Nummer der Aussage.

_____	Artikel-ID plus laufende Nummer der Aussage

D) Inhaltliche Kategorien auf Aussagenebene

D_1: Aussageobjekt:

Hier wird codiert, auf welchen der drei zu untersuchenden Spitzenkandidaten sich die Aussage bezieht.

1	Armin Laschet
2	Olaf Scholz
3	Annalena Baerbock

D_2: Tendenz der wertenden Aussage über Armin Laschet, Olaf Scholz oder Annalena Baerbock:

Hier ist die Tendenz* der Aussage (über Laschet, Scholz oder Baerbock) zu codieren. Codiert werden folgende Ausprägungen:

1	Positiv
-1	Negativ

*Erläuterungen zur Tendenz:

Da ausschließlich wertende Aussagen codiert werden, kann auf eine neutrale Mittelkategorie verzichtet werden. Um zwischen den Ausprägungen der Tendenz zu unterscheiden, muss sich der Codierer an wertenden Begriffen, Schlüsselworten bzw. der Tonalität der Aussagen orientieren (siehe hierzu Abschnitt *d Tendenz der Darstellung*).

D_3: **Bewertungsdimensionen Laschets, Scholz' oder Baerbocks:**

Hier wird codiert, welcher Bewertungsdimension die Aussage über Armin Laschet, Olaf Scholz oder Annalena Baerbock zuzuordnen ist. Die Bewertungsdimensionen orientieren sich dabei an den Beurteilungskriterien für Spitzenpolitiker nach Brettschneider (2002, S. 198-200). Ergänzt werden die Dimensionen durch die Dimension *Umfragen,* da die Wahlaussichten der Kandidaten im Fallbeispiel von besonderer Bedeutung sind.

1	**Politische Themen- & Sachkompetenz** (Themenbezogene Kompetenz, Konzepte für Problemlösungen, Kompetenz für einzelne Politikfelder, Kompetenz für politisches Amt, allgemeine Themenkompetenz)
2	**Führungs- und Leadershipqualitäten** (Durchsetzungsvermögen, Führungsstärke, tatkräftig, entscheidungsfreudig, innovativ, kreativ, dynamisch, kompromissfähig, standfest, beharrlich, vorausschauend, Weitblick…)
3	**Integrität** (ehrlich, aufrichtig, glaubwürdig, verantwortungsbewusst, Bürger-Nähe, verlässlich…)
4	**Persönliches** (starke Persönlichkeit, Ausstrahlung, sympathisch, selbstbewusst, charismatisch, gesund, beliebt…)
5	**Umfragen/Wahlaussichten** (hierunter werden die Wahlchancen verstanden, die den Kanzlerkandidaten durch Umfragen, Wahlprognosen etc. zugerechnet werden)
6	**Sonstiges**

D_4: Thematischer Kontext

Hier wird erfasst, im Kontext welches thematischen Sachverhalts die wertende Aussage getroffen wird. Dies wird anhand der nachfolgenden *Themenliste* codiert. Die *Themenliste* ist in allgemeine Oberkategorien und detaillierte Unterkategorien aufgeteilt. Es sollte immer so detailliert wie möglich codiert werden, also wenn möglich eine Unterkategorie angegeben werden (vgl. Stumvoll, 2019).

1000	**Person Armin Laschet allgemein**
1001	Verhalten/Auftreten Laschets allgemein
1002	Entscheidungen Laschets allgemein
1003	Politikstil Laschets
1004	Wahlkampfstil Laschets
1005	Politische/berufliche Laufbahn Laschets
1006	Kanzlerkandidatur/Nominierung Laschets
1007	Laschets Beziehung zu Medien, Umgang mit Medien
1008	Familie Laschets
1009	Beliebtheit Laschets allgemein (ohne direkten Bezug zu Umfragen)
1010	Beliebtheit Laschets laut Umfragen
1100	**Person Olaf Scholz allgemein**
1101	Verhalten/Auftreten Scholz' allgemein
1102	Entscheidungen Scholz' allgemein
1103	Politikstil Scholz'
1104	Wahlkampfstil Scholz'
1105	Politische/berufliche Laufbahn Scholz'
1106	Kanzlerkandidatur/Nominierung Scholz'
1107	Scholz' Beziehung zu Medien, Umgang mit Medien
1108	Familie Scholz'
1109	Beliebtheit Scholz' allgemein (ohne direkten Bezug zu Umfragen)
1110	Beliebtheit Scholz' laut Umfragen

1200	Person Annalena Baerbock allgemein
1201	Verhalten/Auftreten Baerbocks allgemein
1202	Entscheidungen Baerbocks allgemein
1203	Politikstil Baerbocks
1204	Wahlkampfstil Baerbocks
1205	Politische/berufliche Laufbahn Baerbocks
1206	Kanzlerkandidatur/Nominierung Baerbocks
1207	Baerbocks Beziehung zu Medien, Umgang mit Medien
1208	Familie Baerbocks
1209	Beliebtheit Baerbocks allgemein (ohne direkten Bezug zu Umfragen)
1210	Beliebtheit Baerbocks laut Umfragen
1300	Bundestagswahl und Bundestagswahlkampf allgemein
1301	Wahlprogramme/Regierungsprogramme der Parteien
1302	Kundgebungen/Wahlkampfauftritte allgemein
1303	Parteitage
1304	Sonstige Wahlkampfveranstaltungen der Parteien
1305	TV-Triell/TV-Duell speziell
1306	Wahlwerbung der Parteien/Kandidaten
1307	Wahlkampforganisation
1308	Wahlkampfkosten
1309	Koalitionen/Mögliche Koalitionsmodelle
1310	Nachfolge/Erbe Angela Merkels
1311	Wahlziele (im Hinblick auf das Wahlergebnis)
1312	Wahlkampfstrategien allgemein
1313	Umfragen/Umfrageergebnisse

1400	Hochwasserkatastrophe allgemein
1401	Ahrflut in Rheinland-Pfalz speziell
1402	Hochwasser in Nordrhein-Westfalen speziell
1403	Laschets Lachen nach Flut in Erftstadt speziell
1404	Helfereinsätze/Aufräumarbeiten
1405	Finanzielle Wiederaufbauhilfe/Hilfeleistungen
1406	Schäden/Todesfälle
1500	Plagiatsvorwürfe und andere Vorwürfe allgemein
1501	Plagiatsvorwürfe gegen Baerbock
1502	Reaktionen Baerbocks auf die Plagiatsvorwürfe
1503	Plagiatsvorwürfe gegen Laschet
1504	Reaktionen Laschets auf die Plagiatsvorwürfe
1505	Lebenslauf Baerbock
1506	Reaktionen Baerbocks auf Vorwürfe zu ihrem Lebenslauf
1600	Cum-Ex-Geschäfte allgemein
1601	Cum-Ex-Steuerskandal um die Warburg Bank
1602	Rolle von Olaf Scholz im Cum-Ex-Steuerskandal
1603	Olaf Scholz' Aussagen/Äußerungen zum Cum-Ex-Steuerskandal
1604	Ermittlungen/Urteile der Staatsanwaltschaft im Cum-Ex-Steuerskandal
1700	Wirecard-Skandal allgemein
1701	Rolle von Olaf Scholz im Wirecard-Skandal
1702	Olaf Scholz' Aussagen/Äußerungen zum Wirecard-Skandal
1703	Ermittlungen/Urteile der Staatsanwaltschaft im Wirecard-Skandal

1800	**Landes- und Kommunalpolitik allgemein**
1801	Laschets Arbeit als Ministerpräsident in NRW
1802	Scholz' Arbeit als Bürgermeister Hamburgs
1803	Landtagswahl Baden-Württemberg
1804	Landtagswahl Rheinland-Pfalz
1805	Landtagswahl Sachsen-Anhalt
1806	Landtagswahl Mecklenburg-Vorpommern
1807	Landtagswahl Berlin
1900	**Parteipolitik allgemein**
1901	Laschets Arbeit als Bundesvorsitzender der CDU
1902	Baerbocks Arbeit als Bundesvorsitzende der Grünen
1903	Nachmeldung von Nebeneinkünften Baerbocks
1904	Machtkampf in der Union zwischen Laschet und Söder
2000	**Arbeitsmarktpolitik allgemein**
2001	Scholz' Arbeit als Bundesminister für Arbeit und Soziales
2002	Arbeitsplätze
2003	Arbeitslosigkeit
2004	Lohnpolitik allgemein
2100	**Außenpolitik allgemein**
2101	Internationale Beziehungen
2102	Internationale Konflikte/Kriege/Krisen
2103	Israel-Gaza-Konflikt
2104	Vormarsch der Taliban in Afghanistan
2105	Entwicklungshilfepolitik allgemein
2106	Europapolitik allgemein

2200	**Bildungspolitik allgemein**
2201	Schulpolitik allgemein
2202	Hochschulpolitik allgemein
2203	Forschungs- und Wissenschaftspolitik allgemein
2300	**Finanzpolitik allgemein**
2301	Haushaltspolitik allgemein
2302	Steuerpolitik allgemein
2303	Olaf Scholz' Arbeit als Finanzminister
2400	**Integrationspolitik allgemein**
2401	Migranten- und Minderheitenpolitik allgemein
2402	Gleichstellungspolitik allgemein
2500	**Innere Sicherheit allgemein**
2501	Justiz- und Rechtspolitik allgemein
2502	Kriminalität/Gewalt/Terrorismus
2600	**Kultur- und Freizeitpolitik allgemein**
2601	Tourismus
2602	Sport und Freizeit
2603	Medien und Kultur
2700	**Sozialpolitik allgemein**
2701	Gesundheitspolitik allgemein
2702	Familienpolitik allgemein
2703	Rentenpolitik allgemein
2800	**Coronapolitik speziell**
2801	Umgang mit der Corona-Krise allgemein
2802	Corona-Maßnahmen
2803	Corona-Folgen

2804	Corona-Impfung
2805	Corona-Prämie
2900	**Umweltpolitik allgemein**
2901	Klimaschutz
2902	Umweltschutz
2903	Naturschutz
2904	Tier- und Artenschutz
3000	**Verkehrspolitik allgemein**
3100	**Verteidigungspolitik allgemein**
3101	Rüstung, Abrüstung
3102	Bundeswehr, Einsätze der Bundeswehr
3200	**Wirtschaftspolitik allgemein**
3201	Wirtschaftslage
3202	Verbraucherschutz
3203	Landwirtschaftspolitik allgemein
4000	**Sonstiges Thema**

D_5: Urheber der Aussage:

Von wem stammt die Aussage? Hier wird codiert, wer sich über Armin Laschet, Olaf Scholz oder Annalena Baerbock äußert. Die Urheberliste ist in Ober- und Unterkategorien aufgeteilt. Personen sollten möglichst konkret, sprich, einer Unterkategorie zugeordnet werden. Können die Urheber keiner Ober- oder Unterkategorie zugeordnet werden, werden sie unter „sonstige Personen" verschlüsselt.

1000 Verfasser des Beitrags (i.d.R. ein Journalist, kann bei Gastkommentaren o.ä. auch anderen Kategorien zugeordnet werden)

1100	**Politiker allgemein**
1101	CDU-Politiker
1102	CSU-Politiker
1103	SPD-Politiker
1104	AFD-Politiker
1105	FDP-Politiker
1106	Linken-Politiker
1107	Grünen-Politiker
1108	Ausländische Politiker
1109	Armin Laschet
1110	Olaf Scholz
1111	Annalena Baerbock

1200 Andere Journalisten (im Gegensatz zum Autor des Beitrags)

1300 Gesellschaftliche Akteure allgemein
1301   Wirtschaftsvertreter (Unternehmer, Geschäftsführer, Verbandssprecher…)

1302	Arbeitnehmervertreter (Gewerkschaften, Betriebsräte…)
1303	Vertreter aus Wissenschaft/Bildungseinrichtungen
1304	Vertreter der Kirchen/Religionsgemeinschaften
1305	Vertreter von Bürgerinitiativen
1306	NGOs (Umweltbewegung, Globalisierungskritiker, Menschenrechtsbewegung…)
1400	**Prominente allgemein**
1401	Schauspieler, Filmszene
1402	Profisportler, Sportszene
1403	Musiker, Musikszene
1404	Models, Modeszene
1405	Autoren, Literaturszene
1406	Kulturschaffende, Society, Influencer
1407	Fernsehmoderatoren, Radiomoderatoren
1500	**Familienangehörige von Armin Laschet**
1600	**Familienangehörige von Olaf Scholz**
1700	**Familienangehörige von Annalena Baerbock**
1800	**Wähler**
1900	**Sonstige Personen**

(vgl. Stumvoll, 2019)

D_6.1: Verwendung von Umfragedaten:

Hier wird erfasst, ob für die wertenden Aussagen Umfragedaten herangezogen werden.

0	Nein
1	Ja

D_6.2: Art der verwendeten Umfrage:

Falls *D_6.1 = „1"*, wird hier die Art der verwendeten Umfrage codiert.

1	**Repräsentativ** (hierunter sind alle Umfragen der Meinungsforschungsinstitute zu verstehen, also alle Umfragen, die anhand anerkannter Methoden durchgeführt werden und als repräsentativ gelten)
2	**Nicht-repräsentativ** (hierunter sind Umfragen zu codieren, die nicht repräsentativ sind, z.B. Onlinetrends, Straßenumfragen...)
3	**Nicht erkennbar**

(Vögele, 2011, S. 16)

Literatur (Codebuch)

Brettschneider, F. (2002). Spitzenkandidaten und Wahlerfolg. Personalisierung – Kompetenz - Parteien. Ein internationaler Vergleich. Wiesbaden: Westdeutscher Verlag.

Maier, J., Maier, M., Faas, T. & Jansen, C. (2013). Codebuch zur Inhaltsanalyse der Fernsehdebatte zur Bundestagswahl am 22. September 2013. Universität Koblenz-Landau.

Mast, C. (2012). ABC des Journalismus. Ein Handbuch (12. Aufl.). Konstanz: UVK Verlagsgesellschaft mbH.

Media Tenor (Hrsg.) (2007). Codebuch Profile 2007 (unveröffentlichtes Codebuch). Bonn: Media Tenor.

Rössler, P. (2017). Inhaltsanalyse (3. Aufl.). Konstanz: UVK Verlagsgesellschaft mbH.

Stumvoll, M. (2019). Codebuch zur Analyse der Online-Berichterstattung über Mesut Özil im Zuge der Affäre rund um das Foto mit dem türkischen Staatspräsidenten Recep Tayyip Erdogan (unveröffentlichtes Codebuch). Stuttgart: Universität Hohenheim.

Vögele, C. (2011). Codebuch zur Analyse der Berichterstattung über Karl-Theodor zu Guttenberg im Zuge der Plagiatsaffäre (unveröffentlichtes Codebuch). Stuttgart: Universität Hohenheim.

ibidem.eu